会話力をつけて友達といい関係をつくろう

発達障害の子の
コミュニケーション・トレーニング

監修▶有光 興記
関西学院大学文学部総合心理科学科教授

健康ライブラリー スペシャル
講談社

まえがき

発達障害の子は、言葉が出るのが遅かったり、上手に話せないなど、コミュニケーションに問題を抱えがちです。幼児期はなんとか友達と遊べていても、小学校に入ったぐらいから、友達との間にトラブルが出てくることもあります。

自《じ》閉症《へいしよう》スペクトラムの子は、興味のあることについて一方的に話したり、相手の気持ちを害するようなことをはっきりと言ってしまうことがあります、ＡＤ／ＨＤの子の場合は、授業中に衝動的に発言したり、イライラして思わず手を出したりします。小学校の３～４年生になると、まわりの子から「嫌なヤツ」「変なヤツ」とレッテルを貼られ、友達がいなくなってしまうというケースもあります。

コミュニケーションには、相手の目を見て、よい姿勢で笑顔であいさつをするという基本的なスキルから、相手の気持ちにも配慮しつつ自分の主張もするという上級のものまでさまざまなスキルがあります。子どものコミュニケーション・スキルが低いのであれば、それを伸ばせばよいということで、さまざまなトレーニングをおこなう相談室や学校が増えています。そのひとつが、ソーシャル・スキル・トレーニングと呼ばれる方法です。本書ではそれらのなかから、とくにコミュニケーションに注目して、トレーニング方法を紹介しています。トラブルの事例を挙げ、どのようなトレーニングが有効か、説明していきます。また、コミュニケーション・スキルは誰にとっても必要なものですから、とくに診断を受けていない子にも役立ちます。

私は、小・中学校に通う発達障害の子へのコミュニケーション・トレーニングを実践してきました。そのなかで、子どもたちが苦しんでいた事例と、それに対して私やスタッフが悪戦苦闘して考えてきたトレーニングを、本書で紹介しています。本書が子どものコミュニケーションが上達するきっかけになればと思っています。

関西学院大学文学部総合心理科学科教授
有光 興記

発達障害の子のコミュニケーション・トレーニング

会話力をつけて友達といい関係をつくろう

4 子どもにあわせてテーマ・レベルを調整する 85

コミュニケーションのトラブル

会話のトラブルは、最初はちょっとしたすれ違い

昨日、○○ランドに行ってさ～。新しいアトラクションの□□が楽しかった！ みんなもう行った？
まだ～。オレが去年行ったときには、それはできてなかったよ
別に行きたくない

楽しいおしゃべりに水をさすような返答をしてしまう。しかしまだちょっとしたすれ違いだった

1 「コミュニケーションが苦手」「会話のトラブルが多い」という悩みは、じつは多くの場合、トラブルには見えないような、ちょっとしたすれ違いからはじまっています。

2 友達に話をあわせるのが苦手な子のケースを見てみましょう。この子は友達から話しかけられても、興味のない話題だった場合には、ほとんど返事もしませんでした。

3 小学校中学年になる頃には、男の子は、同級生とは話しても楽しくないと感じるようになりました。会話の相手はいつも先生でした。この頃から、トラブルが起こりはじめます。

おはよう
あ、おはよう！

同級生は、男の子には話しかけてもつまらないと思い、あいさつもしなくなっていた。やや問題になりつつあった

4 この男の子は、同級生には「感じの悪い子」「先生になんでも言いつけそうな子」だと思われてしまっていました。そして、仲間はずれにされつつありました。

5 男の子はその状況に気づかず、ある日、同級生が使っていた図鑑を気安く借りようとしました。しかし拒否され、ケンカになって、大きな問題に発展したのです。

なんだよ急に！
いま使ってるんだから、
貸さねえよ！
見せて
くれたっていいだろ！
バカ！

男の子は昆虫には興味があり、図鑑が見たかった。しかし日頃つきあいが悪かったため貸してもらえず、大ゲンカに

コミュニケーション・トレーニング

家庭で少し練習しておけば、すれ違いは防げる

お母さん、今日はひさしぶりにフラダンス教室に行ってきたよ
へえ〜。どんな踊りを踊ったの？

相手の話に返事や質問をして、話を広げる練習（59ページ参照）。うまくできないときは親が話を補い、サポートする

6 前のページのトラブルは、男の子が日頃、同級生と会話をしていれば、起こらなかったかもしれません。男の子の両親はそう考え、いろいろと対策を調べた結果、わが子にコミュニケーションのトレーニングをすることにしました。

7 練習によって、男の子は同級生の話にそれなりの受け答えができるようになっていきました。会話のすれ違いが減ったことで、友達もでき、学校生活を楽しめています。

今日からやってみよう！ コミュニケーション・トレーニング

この本では、会話のすれ違いを防ぎ、コミュニケーションの苦手さを解消するための練習を紹介しています。筆記用具や身近な道具があれば、今日からすぐにとりくめるものです。専門知識がなくても実践できますので、親子で気軽にはじめてみてください。

1 会話のトラブルが多い子どもたち

友達の話を聞かず、自分の言いたいことばかり話す。
ちょっとからかわれただけで、キレて暴力をふるう。
そのような会話のトラブルを何度もくり返す子がいます。
そのままにしておかないで、トレーニングをすることで、
ケンカやいじめなどの大きな問題に発展することを防げます。

友達が嫌がっていても、言いたいことを言い続ける

Aさんのケース

■プロフィール

Aさんは小学6年生の女の子。動物のキャラクターが大好きです。好きなキャラの話をはじめると、止まりません。

私、○○ランドだったら△△が好き～。かわいいし、ちょっととぼけた……

1 友達がキャラクターの話をしていると、Aさんはうれしくなります。いっしょに好きなキャラのことをおしゃべりしようとします。

え～、私は☆☆！
△△は子どもっぽいよ。
☆☆はいつもイタズラばっかりに見えて、じつはすごくいいことも言うんだよ。たとえば……

友達の話をさえぎり、話題を自分の好きなことに切りかえて、語りはじめてしまう

Aさん

2 しかしAさんは、友達がまだしゃべっているうちに、割りこむようにして、自分の話をはじめます。友達は、言いたいことが言えず、不満を抱きます。

3 Aさんはあまり人気のない特定のキャラクターについて、いろいろなことを調べ、覚えています。それをみんなに語りたくて仕方がないのです。

私の家、○○のテレビ番組が
ぜんぶ見られるんだ！　それで昨日は
「◇◇」っていう番組を見ていたんだけど、
私の好きな☆☆が王子様の服を着てて、
それが見られるのは
その番組だけで……
またあのキャラの話。
よくわからないよ

Aさんは喜びを伝えたいのだが、友達には自慢話や退屈な話に聞こえてしまう。話の途中で立ち去る子もいる

4 Aさん本人は興奮し、生き生きと話します。けれど、友達はそこまでそのキャラが好きではないので、飽きてしまいます。Aさんの話し相手は、じょじょに減ってきています。

このケースのポイント

話の内容もタイミングもよくない

　おしゃべりが好きならコミュニケーション能力が高いかというと、そうではありません。Aさんのように、話の内容やタイミングが相手の希望にあっていないと、退屈されたり、嫌がられたりします。また、そこで表情から相手の気持ちを読みとれないと、すれ違いはますます悪化します。相手にあわせた話題選びと、気持ちを読みとることの練習が必要です。

→STEP ④ ⑧へ

Bさんのケース

意見や感想を聞かれると、黙りこんでしまう

■プロフィール

Bさんは小学4年生。友達のおしゃべりをニコニコと笑って聞いている、おとなしい女の子です。聞くのは得意なのですが、自己主張が苦手です。

書くことが
なんにもないよー
Bさん
ひと言くらい
あるでしょう。どの場面が
よかったの？

作文をひとりではできず、親が質問して、Bさんの感想を引き出している

1 Bさんは、自分の意見を言葉にするのが苦手です。会話でもそうなのですが、日記や読書感想文のように、文字で気持ちを書くことも、うまくできません。

2 いろいろと思うことはあるのですが、いざ感想を書こうとすると「おもしろかった」くらいしか、言葉が出てこないのです。

3 作文は親に手伝ってもらい、時間をかければそれなりに書けます。しかし友達とのおしゃべりでは手助けは得られず、言葉につまってしまうことがよくあります。

……
みんなでキャンプに行くの、楽しみね！私は川遊びがしたいな。Bちゃんは？
そんなこと聞かれてもわからないよ

友達と同じように楽しみにしているのだが、その思いが具体的な言葉になって出てこない

4 感想を聞かれてもはっきりと答えられず、話の盛り上がりに水をさすことに。また、意見を飲みこんで相手の言いなりになってしまうこともあり、悩んでいます。

このケースのポイント

思ったことを言語化できない

Bさんには、自分の気持ちを表現する言葉の探し方・選び方のトレーニングが必要です。親が、話すテーマを決めたり、質問をしたりして、Bさんが話しやすい状況をつくり、練習していきましょう。

このタイプの子は、人の気持ちを想像することを苦手としている場合もあります。その点にもトレーニングで対応していきます。

→STEP ④ ⑦ ⑪ ⑫

すぐにバレるようなウソを、いくつも言う

Cくんのケース

■プロフィール

Cくんは小学4年生の男の子。目立ちたがり屋で、話を大げさに言います。場を盛り上げるためにウソをついてしまうこともあり、いい加減な子だと思われています。

1 話すこと・聞くことのスキルは十分に身につけているCくん。彼の問題は、注目を浴びたいあまりに話を広げすぎ、平気でウソをついてしまうことです。

Cくん
昨日、すごいレアアイテムが出たんだ! みんな知ってる?

友達に驚いてほしくて、ありもしないアイテムの話をする。調べればウソだとわかるので、2～3日でバレる

2 Cくんは、ウソだとバレてもあまり気にしません。笑ってごまかそうとしたり、冗談ですませようとします。最初はそれでもよかったのですが……。

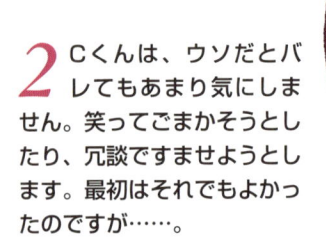

3 何度もウソをくり返すうちに、友達はCくんの言うことを話半分で聞くようになってきました。話を聞いてくれないことも、じょじょに増えてきました。

ねー今日
オレの家でゲーム
やろうよ
ごめん、今日は
サッカー。人数も
決まっちゃって
るんだ

遊びに誘っても、断られるようになってしまった。友達の遊びに入れてもらうこともできない

4 それでもCくんのウソはなくならず、むしろエスカレートしていきました。そして、Cくんはのけものにされるようになってしまいました。Cくんは友達の会話や遊びにほとんど入れてもらえなくなったのです。

このケースのポイント

訂正や謝罪を自分からはしない

人を気づかってウソをつくことや、人を不快にさせない程度の見栄は、問題ではありません。このケースは、よく思われたいためにウソをつき続けたことや、相手の反応を見て反省しなかったことが問題です。小学生のうちは、ついウソをついてしまうもの。相手を怒らせても、訂正や謝罪をして以後気をつければ、人間関係はそう簡単には壊れません。相手の気持ちを想像すること、謝ることの練習をしましょう。

→STEP ⑨ ⑮ へ

Dくんのケース　興味のない話になると、ふざけたり暴れたりする

■プロフィール

　Dくんは小学3年生。明るいお調子者です。ときどき調子にのりすぎて、友達とケンカになってしまいます。

1 Dくんは勉強が苦手です。とくに国語が苦手で、授業中、先生や友達の話すことがうまく理解できず、なかなか話についていけません。

本人は授業に参加したいのだが、話についていけない。なんでも言ってみて、話に加わろうとする

2 Dくんは書くことや聞くことが苦手なためにノートもうまくとれず、授業が退屈です。なにか発言して友達の受けをとり、認められようとして、授業とは関係のない質問をしてしまいます。

おらおら～、サンダーキーック！
やめろよ！いま話してるだろ！

3 授業以外に、友達とのおしゃべりにもついていけないことがあります。友達が自分の興味のないことを話しているときには、会話にうまく加われません。

4 会話に入りたくても入れず、それでも友達といっしょに遊びたいため、パンチやキックをして、友達の気をひこうとしてしまいます。それがケンカに発展することがあります。

話しかけ方がわからず、ちょっかいを出して仲間になろうとするが、友達を怒らせてしまう

このケースのポイント

話についていくスキルの不足

Dくんは、授業や会話の邪魔をしたいわけではありません。話に加わりたいのですが、その方法がよくわかっていないのです。

彼は、人の話を聞いて理解することが苦手です。聞くことと会話のトレーニングをしましょう。人が話しているときには口をはさまず、相手の話を聞いて、その内容に興味をもつことを練習します。

→STEP ③④⑤⑥へ

Eくんのケース　口ゲンカの末に刃物を持ち出し、大事件に

■**プロフィール**

Eくんは小学5年生の男の子。ふだんは優しい子なのですが、からかわれると、激しく怒ることがあります。ナイーブで、背が低いことを気にしています。

1　Eくんは自分のペースで行動するのが好き。なにごとも落ち着いて進めたいのですが、そのマイペースぶりをからかわれてしまうことがあります。

ちょっと席を立った間に、同級生がEくんの絵に落書きをしてしまった

2　図工の授業中、Eくんはいつものマイペースで絵を描いていました。しかしそのペースやセンスが独自なことを同級生にバカにされ、嫌な思いをしました。

3 同級生はEくんの背の低さをからかうこともありました。Eくんは反論が苦手で最初は我慢していましたが、ある日、ついにキレて、手元にあった彫刻刀を持ち、相手をおどしました。

Eくんは以前からからかわれて嫌な思いをしていた。その思いが爆発した
てめえ、ぶっ殺してやる！
キャー！先生！
大事件になり、学校からも同級生からも「乱暴者」というレッテルを貼られてしまった
悪いのはむこうなのに

4 Eくんが刃物を持ち出したことで授業は中断。大問題になりました。Eくんの親は学校から連絡を受け、Eくんともども、校長から厳重に注意されました。

このケースのポイント

「嫌だから、やめて」と言えない

からかいがなぜ大事件にまで発展したのか。それは、2人にケンカをおさめるスキルがなかったからです。

友達はEくんの様子を見て、悪質なからかいをやめるべきでした。また、Eくんが「嫌だから、やめて」と言えれば、口論は止まったかもしれません。このようなケースでは、「嫌だ」という感情を自覚し、伝える練習が効果的です。

→STEP ⑬ ⑭ へ

有光《ありみつ》アドバイス

どんな理由があっても、手を出したら「負け」

暴力をふるうことは絶対にいけない

　コミュニケーションの苦手な子が、本心を言えずにストレスを抱えこみ、爆発してしまう場合があります。言葉が爆発的に出るならまだよいのですが、なかには暴力や威嚇《いかく》で気持ちを表現する子もいます。

　この場合、本人にはさまざまな言い分があるかもしれませんが、暴力という事実は消えません。どんな理由があっても、暴力をふるったという点では「負け」です。

　しかし忍耐を練習しても、改善は難しいでしょう。それよりも、日頃からイライラをためこまないように、コミュニケーションを練習するほうが有効です。

暴力という事実は消えない

　友達にからかわれて殴った場合でも、からかわれたことは「言い訳」にすぎません。きっかけはどうあれ、暴力という不当行為は問われます。もちろん相手も注意されますが、それで暴力が許されるわけではないのです。

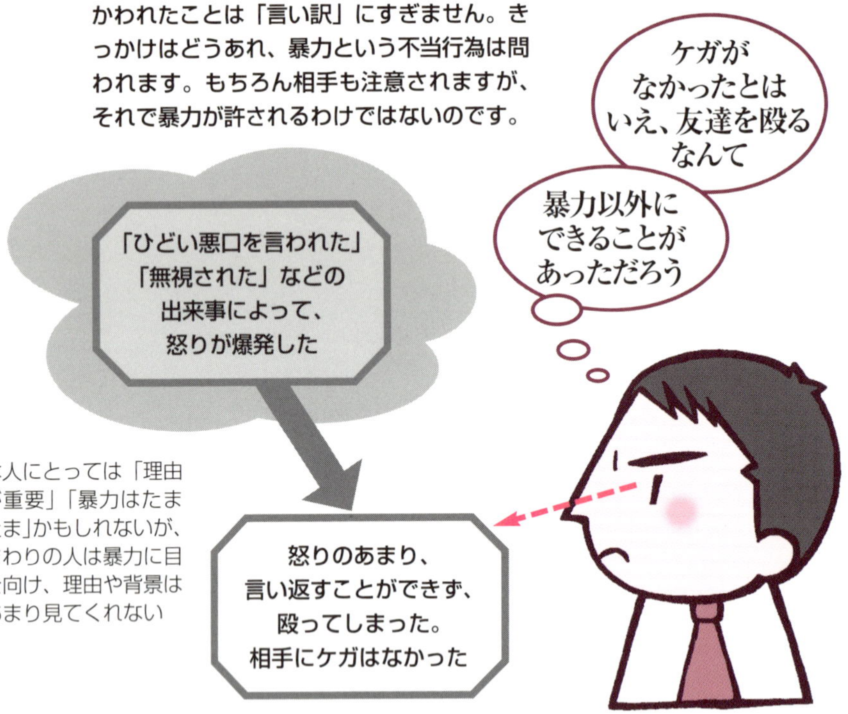

ケガがなかったとはいえ、友達を殴るなんて
暴力以外にできることがあっただろう
「ひどい悪口を言われた」「無視された」などの出来事によって、怒りが爆発した
怒りのあまり、言い返すことができず、殴ってしまった。相手にケガはなかった

本人にとっては「理由が重要」「暴力はたまたま」かもしれないが、まわりの人は暴力に目を向け、理由や背景はあまり見てくれない

自分の怒りに気づくのが対応の第一歩。気づけばおさえることもできる

対応 キレる理由を言葉で説明する

怒りのもとになった重要なきっかけがあるのなら、それを言葉で説明しましょう。主張すること・怒りをやりすごすことのトレーニングによって、この問題は解決できます。

「ひどい悪口を言われた」
「無視された」などの
出来事があったとき、
手を出す前に怒りに気づく

言葉で伝える

気持ちが落ち着いたら、自分がなぜ暴力をふるってしまいそうなほど、強く怒ったのか、まわりに説明します。暴力をふるう前に話せば「言い訳」にはならず、「主張」になります。

→STEP ⑭へ

キレずに立ち去る

冷静に話すのが難しい場合には、ひとまずその場を立ち去りましょう。怒りをやりすごすには、環境を変えるのがいちばんです。授業中でも「トイレに行きます」と言って、教室を出ます。

→STEP ⑮へ

1対1で話すと怒ってしまいそうな場合は、友達や信頼できる先生に間に入ってもらう

**暴力はコミュニケーションではありません。
暴力で思いを表現するのは、間違っています。
嫌なことに「嫌だ」と言うスキルを鍛えて、
イライラを心にためこまないように
していきましょう。**

今日から使えるセリフ

トラブル拡大をくいとめる【ごめんねワード】10

会話がすれ違って友達に嫌な思いをさせたら、トラブルになる前に謝りましょう。ただし「ごめんね。でも○○くんもやっていたから」と、謝罪に言い訳をつけたしてはいけません。表情や口調も含めてしっかりと謝り、友達でいたいことを伝えます。「ごめん」だけでは許してもらえない場合は、時間をおいたり、反省点を具体的にあげて謝罪したりしましょう。

ごめんね／ごめんなさい
（シンプルに謝る）

ぼく（私）が△△したのが悪かった
（具体的に謝る）

いっしょに遊びたくて、ついやっちゃったんだ
（理由を言う）

本当は□□なんだ
（ウソを訂正する）

昨日はごめんね
（気持ちが落ち着いてから話す）

話を聞いてくれてうれしい
（気持ちを伝える）

仲直りしたいんだ、ごめん
（希望をはっきり言う）

もうしないよ／これからは気をつけるね
（今後のことを約束する）

ねえ、いま話していい？
（タイミングよく話しかける）

「ごめん。明日あらためて話すね」
（話す前にメールで謝る）

2 発達障害の子のコミュニケーション能力とは

コミュニケーションが苦手な子のなかには、
自閉症スペクトラムやAD/HDなどの発達障害があるために、
人にあわせて会話をすることに苦労している子もいます。
発達障害の特性を理解し、個別の配慮をすることで、
苦手さが解消しやすくなります。

発達障害

周囲には気づかれにくいが実は困っている子

困難がまわりに伝わりにくい

発達障害の子のうち、知的能力が高い子は、日常の会話や勉強、遊びを一見問題なくこなせます。しかしよく見れば、会話がすれ違ったりして、本人は困難を感じています。親や教師がその困難に気づかないと、大きな問題につながる可能性があります。

気のあう友達と、好きなゲームを楽しんでいる。その姿からは、困難は見えにくい

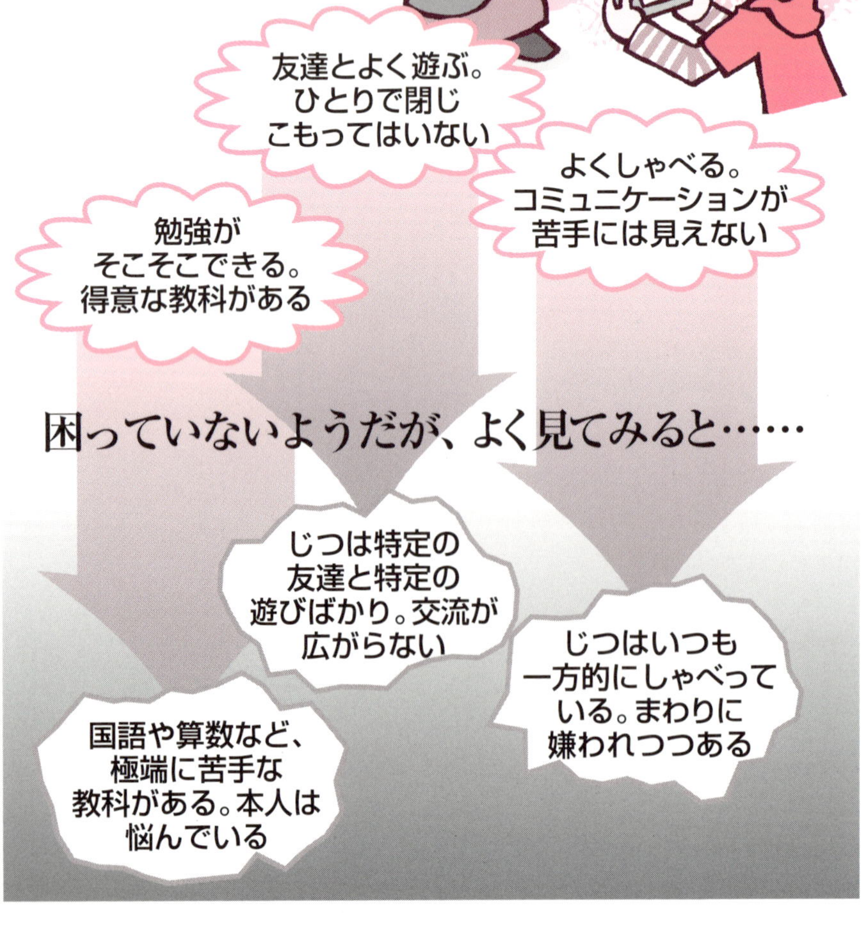

勉強がそこそこできる。得意な教科がある
友達とよく遊ぶ。ひとりで閉じこもってはいない
よくしゃべる。コミュニケーションが苦手には見えない
困っていないようだが、よく見てみると……
国語や算数など、極端に苦手な教科がある。本人は悩んでいる
じつは特定の友達と特定の遊びばかり。交流が広がらない
じつはいつも一方的にしゃべっている。まわりに嫌われつつある

発達障害とは

発達障害は、先天的な脳機能障害です。自閉症スペクトラムやAD/HDなど、いくつかのタイプがあります。障害によって現れる特徴を「特性」といいますが、特性は「しつけの問題」「本人の努力不足」などと誤解されがちです。正しい理解が求められます。

発達障害

先天的に脳機能のかたよりがあること。得意と不得意がはっきりと分かれ、不得意な部分では、生活上の困難が生じやすい。
※本書のトレーニングは、発達障害の子のなかで、発語がある子を対象としています。言葉が出ていない子には、別のトレーニングが必要です。

自閉症スペクトラム

人の表情やしぐさ、言外の意図などを読みとることが苦手なタイプ。コミュニケーション面では「空気が読めない子」だと言われがち。

(26ページ参照)

AD/HD

注意欠陥／多動性障害。
落ち着きがなく、衝動的な言動が目立つタイプ。コミュニケーション面では「キレやすい子」だと言われがち。

(28ページ参照)

LD

学習障害。読み書きや計算などに、極端に不得手な部分があるタイプ。コミュニケーション面では「勉強中の態度が悪い子」だと言われがち。

(30ページ参照)

ほかに、手足や体の動きがぎこちなくなる「発達性協調運動障害」がある

よくできる部分、人より優れた部分もある

発達障害の子は、一部の活動を極端に苦手としています。しかしいっぽうで、苦手なこと以外の部分は平均的にできたり、人並み以上に才能を発揮したりします。

親や教師のなかには、「できる部分」を基準にして、その子のスキルを評価する人もいます。そうすると、苦手な部分が「努力不足」に見えてくるわけです。

本人は人間関係や勉強で困っている

ところが本人には、極端に苦手としていることがあります。

たとえば人の気持ちを読みとることが苦手な子がいます。一見ふつうに会話ができていても、しょっちゅう話し相手を怒らせ、トラブルになっています。

その苦手さが、本人の経験不足や勘違いからくるものではなく、発達障害の特性によるものだった場合、専門的な対応が必要です。

自閉症スペクトラムの子のトラブル

◆感じたことをそのまま言ってしまう ◆自分の好きなことだけ語り続ける

自閉症スペクトラムとは

自閉症の特徴をもつさまざまな障害のことを、自閉症スペクトラムといいます。高機能自閉症やアスペルガー症候群が含まれます。スペクトラムとは、連続体のこと。それぞれの障害に境界線はなく、連続しているという意味です。

図鑑を好む子が多い。具体的な事実だけが載っているため、自閉症スペクトラムの子にとって、理解しやすい

自閉症スペクトラムの特性

社会性が育ちにくい。人の気持ちを察することが苦手で、人間関係がうまくつくれない

コミュニケーションに困難がある。とくに表情やしぐさ、抽象的なことの理解が苦手

想像力を発揮しにくい。ひとつのことにこだわり、未知のものや予定外のことに目が向かない

空気を読めず、いつもマイペース

自閉症スペクトラムの子は、興味のあるひとつの物事に集中するいっぽうで、それ以外のことにはなかなか目を向けられないという特徴をもっています。また、抽象的な物事の理解が苦手です。

いずれも脳機能のかたよりからくることで、本人がわざとそうしているわけではありません。

この特徴は、コミュニケーション面では「こだわりの強さ」「マイペース」として現れがちです。近年流行りの言葉でいえば「空気を読めない」状態です。

トレーニングで改善しきれないところもありますが、人の話を聞く練習などは有効です。

コミュニケーションのトラブル

自閉症スペクトラムの子に見られるコミュニケーション面のトラブルは「空気が読めない」ということ。人の気持ちを読みとることがうまくできず、よくも悪くもマイペースに行動しがちです。

気持ちを読みとれない

3つの特性があるため、抽象的な感情表現を理解するのが苦手です。言葉ではっきり示してもらわないと、人の怒りや悲しみになかなか気づきません。

- ●話し相手が怒って表情を変えても気づかない
- ●愛想笑いができず、退屈なときには退屈な顔をする
- ●相手が怒りそうなことを、何気なく口にする

電車が好きで、初対面の人にも「ここまで何線で来たの？」と、経路を聞いてしまう

こだわりトーク

興味のあることに集中・熱中して、そのことばかり話してしまいます。社会性・想像力の育ちにくさがあり、自分を客観的に見ることがうまくできません。

- ●電車など趣味の話ばかりする。人の趣味の話は聞かない
- ●好きな分野の間違いはいっさい許さず訂正する
- ●興味のないことは、重要な用事でも真剣に聞かない

友達に「○○ちゃんのパパ、ハゲてるよね」と言ってしまう。相手が傷つくことをうまく想像できない

AD/HDの子のトラブル

◆ちょっかいを出すが、反撃されると怒る
◆最後にはキレて「死ね」と言ってしまう

落ち着きがなく、短気に見られがち

AD/HDをよく知らない大人が、その特性がある子に会うと、「短気」で「キレやすい」子だと評価しがちです。なかには、しつけに問題があるのだと考えてしまう人もいます。

もちろん、生活上の工夫で改善できるところもありますが、しつけが悪かったからAD/HDになったわけではありません。これもやはり、脳機能のかたよりによって起こるものです。

「我慢しなさい」「行儀よくしなさい」と言い聞かせるよりも、トレーニングのなかで、コミュニケーションをコントロールする方法を教えていくほうが有効です。

AD/HDとは

AD/HDは注意・集中力のコントロールや、自分の行動や感情をおさえることを苦手とする状態です。主に3つの特性があり、どの部分が色濃く出るか、子どもによって異なります。

授業中、じっと座っているのが苦手。先生の話に集中できず、外の音に気をとられて席を立ったりする

AD/HDの特性

多動性。体をじっととどめておくことや、黙っていることが苦手。気持ちや興味も移り変わりやすい

衝動性。唐突な発言、行動が多い。自分の感じるまま、脈絡なく行動する。まわりは驚く

不注意。忘れ物やケアレスミスが多い。注意するように言われてもなかなかできない

コミュニケーションのトラブル

AD/HDの子の特性は「落ち着きのなさ」「キレやすさ」として認識されがちです。とくに問題視されがちなのは、衝動的な暴言や暴力です。

たたいたな、
うざいんだよ！
消えろ！
お前が殴って
きたんだろ！
なんだよ！

ふざけて人にちょっかいを出す

体も口も動かしているほうが好きなので、友達や先生によく働きかけます。しかし、本人は遊ぼうとしているつもりでも、あまりしつこいと、まわりにはふざけていると思われることもあります。

- 授業中、まわりの子に何度も話しかける
- 友達が相手をしてくれるまで、ちょっかいを出す
- 受けねらいで脈絡なく大声を出したり、ちょっかいを出したりする

自分からちょっかいを出したのに、やり返されると怒る。お調子者の一面と、衝動的に怒り出す一面があり、まわりは戸惑う

人からちょっかいを出されると怒る

自分から動き回るのは好きなのに、自分が集中しているときに邪魔されるのは嫌うというタイプの子がいます。しかも、怒って衝動的に暴言をはいたりしてしまいます。

- 自分も同じことをしているのに、相手からちょっかいを出されたり、からかわれたりすると、嫌がって怒鳴り返す
- すれ違いを重ねるうちに「死ね」などの暴言をはく

暴言や暴力が慢性化すると「反抗挑戦性障害」と診断されることがある。より専門的な対応が必要となる

LDの子のトラブル

◆作文ができなくてイライラする
◆「やる気がない」と叱られる

教科書を音読する課題が苦手。何度も読み間違えてしまう

LDとは

LDは学習障害といい、学習面の苦手さをまとめたものです。読むことが苦手、計算が苦手など、さまざまなタイプがあります。

LDの特性

読字障害。字を読むことが極端に苦手。正確に読めなかったり、理解しきれなかったりする

書字（表出）障害。字を書くことが極端に苦手。書くのが遅かったり、間違えやすかったりする

算数障害。計算する力が年齢相応に発達していない。そのため算数の授業が極端に苦手

話す、聞く、推論するなど、その他の学習能力の苦手さをLDの特性とする場合もある

勉強面の一部が極端に苦手

LDは学習面に困難が生じる状態です。話を聞きながら書きとることや、文章で質問を読み、答えることなどが苦手です。授業中のコミュニケーションに、トラブルが起こりやすくなります。

とくに深刻なのが、苦手な作文や計算を強要され続けた結果、自信を失い、先生や友達に相談しても無駄だと考え、学校でコミュニケーションをとらないようになっていくケースです。

LDの子には、まず苦手な面への理解が必要です。それに加えて、わからないところを質問するスキルを高めることが、生活の向上につながります。

コミュニケーションのトラブル

LDによって起こるコミュニケーションの悩みは、ほとんどが授業中のトラブルです。先生の話についていけず、やる気を失い、叱られてさらに落ちこむというケースがよく見られます。

また作文だけ手を抜いているな。注意しよう
こんなに書くなんて無理！ もう嫌だ……

書字障害がある子は、作文に時間がかかる。ほかの課題はしっかりできるため、先生は作文だけ手抜きをしていると誤解する

国語や算数への苦手意識が強い

読み書きや計算が困難で、練習をしてもすぐに平均的な能力にはならないため、国語や算数はどうしても苦手。先生に「やる気がない」と誤解されてしまいます。

- 国語、とくに作文と音読が苦手
- 算数は年齢相応の問題、とくに文章題だと難しい
- 間違いを指摘され続け、努力しても無駄だと感じてしまっている

↔

得意科目では力を発揮する

対話中心の総合学習や、音楽、図工、体育などの授業では、本来の力を発揮できます。しかしそれゆえに、読み書きや計算で手を抜いていると誤解されがちです。

- グループ討論や口頭の発表は得意
- 音楽や体育、図工など、感覚を使い、体を動かす科目は得意
- 漢字や歴史の年号などを暗記できることがある

有光《ありみつ》アドバイス

トラブル前後の「文脈」を読みとろう

トラブルだけで判断しがち

親や教師は、発達障害の子の生活にトラブルが起きたとき、目の前の問題だけを見て、対策をとろうとしがちです。しかし、背景に目を向けないと、なかなか根本的な解決にはなっていきません。

目立つのは、いま起きているトラブル

「授業中に教室を飛び出した」「友達に悪口を言った」など、いま起きた出来事に目が向きやすい

廊下に飛び出した子どもを止めて「座りなさい」と注意。何度言っても改善しない

しつけや注意が足りないと決めつけないで

トラブルには「文脈」があります。さまざまな出来事が起こり、子どもの心にいろいろな思いが積み重なったうえで、トラブルが起こっています。

目立つトラブルを「点」で見るのではなく、紆余曲折《うよきょくせつ》の文脈にも目を向け、「線」で見ていかないと、子どもがなにを苦手としているか、見えてきません。

発達障害の子の場合、文脈を見ることがとくに大切です。「かんしゃく」「悪ふざけ」に見える出来事が、本人の悩みや苦しみ、無力感から起こっている可能性があるからです。それを理解できなければ、対応もできません。

発達障害の特性があるかどうかは、親や教師には判断できない。医師などの専門家に聞く

対応 トラブルの背景を見る

トラブルの前後の出来事にも目を向けましょう。子ども本人から聞きとったり、様子を見たりします。そのうえで、なぜトラブルになりがちなのか、考えていきます。

これまでの経緯

以前にほかの子がしたことの真似、人にやられたことへの仕返しなど、これまでの経緯を確認する。子ども本人や担任の先生にエピソードを聞くとよい。

→ **86ページへ**

発達障害の特性

ほかの子と同じように座っていられないことの背景に、多動性や、社会性の育ちにくさが関わっている可能性がある。専門家に相談して、子どもへの理解を深めたい。

→ **34ページへ**

本人は一生懸命

トラブルに対する、子ども本人の言い分を聞く。多くの場合、本人は一生懸命なのに、苦手な部分が克服できず、結果としてトラブルになっている。

→ **92ページへ**

「文脈」に目を向けることで、
子どもがもっている特性や、
その子が内に秘めている思いが見えてきます。
そうして子どものことを理解できれば、
おのずと解決策も見えてくるのです。

対応法

まわりの人に発達障害を理解してもらう

対応の基本は理解

発達障害は、脳機能のかたよりです。それ自体を消したり、治したりすることはできません。子どもがどのような特性をもっているかを理解し、対応していくことが大切です。

友達やその親にも特性を理解してもらえれば、コミュニケーションをとりやすくなる

×　障害を消そう、治そうとする

発達障害がなくなるように、無理に平均的な発達をうながすのはよくない。苦手な分野の練習を強要し、子どもを苦しめてしまう

○　理解して、生活を整える

本人とまわりの人が特性を理解する。そのうえで、暮らし方や生活環境を調整して、困難を防ぐ。トレーニングも調整の一環になる

理解できれば対応もできる

発達障害への対応は、理解からはじまります。子ども本人が自分の特性を知ること。親やまわりの人が、子どもの特性、その子の思いを知ること。それなしには、適切な対応はおこなえません。

同じ発達障害の子どもでも、一人ひとり、特性の現れ方は異なります。ひと口に多動性といっても、それが現れやすい場面、動きの種類や激しさは、子どもによって違うのです。

発達障害特性の一般的な現れ方と、子ども固有の特徴を、どちらも理解する必要があります。本人と家族から、まわりの関係者へ、理解の輪を広げていきましょう。

発達障害の対応Q&A

本人や親だけで発達障害のことを調べ、理解し、対応していくのは不可能です。専門家に相談しながら、理解をじょじょに深めていきましょう。

Q 困ったら誰に相談すればよい？

医療機関に相談しましょう。児童精神科や小児科など、子どもの発達を扱う診療科で、診断が得られます。診断を受けることよりも、生活面の相談がしたい場合には、近隣の発達障害者支援センターへ。自治体に相談して、地域の専門機関をたずねるのもよい方法です。

Q 原因は遺伝？ 育て方？

発達障害の原因は、明確にはわかっていません。遺伝子がひとつの要因だとされていますが、特性の現れ方には生活環境も影響するといわれます。ただし、生まれてから、親のしつけが悪かったために引き起こされるものではありません。先天的なものであることは確かです。

Q 対応法のひとつ、療育とは？

医療機関が発達障害の子どもや大人に治療教育（療育）をおこなうことがあります。これは、障害による困難をやわらげるための対応です。医学的な「治療」であり、生活の仕方を伝える「教育」でもあるため、治療教育とされています。本書のようなトレーニングも、広い意味で療育の一種です。
（療育の各種方法は36ページ参照）

特性の現れ方によって、一般校で支援を受けるか、より専門的な支援をおこなう学校に行くかを選択する

Q 将来をどう考えればよい？

小・中学校では、個別の支援計画のもとで、支援を受け、人間関係の基本的なスキルを養っていきます。また、一般の高校や大学で、発達障害の支援が実施されはじめました。読み書きなどの苦手な部分を、別の方法で代替するなどの対応がとられています。正確な診断を受け、通学先に相談することで、個別に配慮してもらえる場合があります。さらに、地域障害者職業センターなどが、診断に基づいて就労支援をおこなっています。

Q 発達障害は増えている？

文部科学省の調査では、小・中学校の通常学級に発達障害の子が2002年で6.3%、2012年で6.5%いると推測されました。調査結果としては、発達障害の子が極端に増えているわけではありません。しかし、約15人にひとりですから、けっして珍しいことでもないのです。

対応法

SSTを活用してコミュニケーションを学ぶ

SSTは療育法のひとつ

発達障害の療育には、さまざまな手法があります。理解をたすけるもの、行動面に働きかけるものなど、目的や内容が異なり、医師や専門家が、子どもにあった方法を選び、実施していきます。

さまざまな療育法

ペアレント・トレーニング

親（ペアレント）が、子どもを理解し、対応法を学ぶ。ABAと同様に、主に行動面に働きかける

SST

ソーシャル・スキル・トレーニング（社会技能訓練）。グループ活動を通じて、人間関係のつくり方や、集団でのふるまい方を学ぶ

ABA

応用行動分析。計画的に、子どもの不適切な行動を減らし、適切な行動を増やしていく

感覚統合

運動や遊びなどを通じて、感覚面の働きの乱れを調整する。動きのぎこちなさがある子に適している

TEACCH

自閉症スペクトラムの子を主な対象とした治療教育プログラム。視覚的な情報を活用して、生活しやすい環境をつくり、そのなかで暮らし方を身につけていく

その他

視覚機能の使い方を学ぶ「ビジョン・トレーニング」や、各種教材で読み書き・計算の苦手さを軽減する「学習支援」などがある

本書の方法

コミュニケーション・トレーニング

SSTなど各種の療育法からコミュニケーションへの対応法をとり入れ、総合的なトレーニングとしたもの。数年間におよぶ実践の結果をふまえ、保育園・幼稚園年代から小・中学生までに適した形に調整してある

指導の時間だけでは療育の内容を理解しきれないので、書籍や資料で確認する

療育を家庭生活にもとり入れる

専門家のもとをおとずれ、療育指導を受けるだけでは、療育の効果はなかなか持続しません。その手法を家庭生活にもとり入れることで、効果が定着していきます。

専門家による療育

医療機関や療育機関に行き、専門家の指導を受ける。既定の時間・内容となる。近年、希望者が多く、指導を受けられるのは数ヵ月に一度というケースもある

家庭療育

専門家の指示にしたがって、家庭でも療育と同様の活動をする。会話の練習や、生活環境の調整、行動への働きかけなどを家族がおこない、その結果を専門家に報告する

本書のトレーニングは専門的な療育ではなく、一般向けの療育。家庭でおこなう部分のたすけになる

専門家の指導を受け、そこで学んだことを家庭で実践する。そのサイクルをくり返す

子どもが学びやすい方法を探す

発達障害への対応には、ひとつの正解はありません。子どもの状態によって、有効な対応は変わってきます。

そのため、発達障害向けの療育にはさまざまな手法があります。子どもにあわせて選択することができるようになっているのです。

子どもが暮らし方を理解しやすい方法、学びやすい方法を探して、とりくんでいきましょう。

家庭でもどんどん実践する

子どもにあった方法がわかったら、専門家の指導のもとで、家庭でも療育を積極的に実践していきましょう。

本書はその役に立つ一冊です。専門的な療育をベースに、家庭で親や家族がすぐにとりくめるトレーニングをつくりあげ、紹介しています。家庭療育のヒントとして活用してください。

今日から使えるセリフ

困ったときに使える【たすけてワード】10

困ったときにたすけを求めるスキルを身につけると、発達障害の子の生活は格段に安定します。「失敗しても大丈夫」「たすけを求めて、やり直せばいい」と感じ、気持ちに余裕ができます。目上の人にもたすけを求められるよう、丁寧な言葉・表情を覚えていきましょう。たすけてもらったら「ありがとう」と言うことも大切です。

先生！／□□くん（さん）！
（名前を呼んでヘルプを求める）

もう一度教えてください
（わかるまで聞く）

大丈夫じゃないです
（我慢しない）

どうすればいいですか？
（適切な行動を聞く）

○○だから、△△していいですか？
（理由を言う）

◆◆ならできそうです
（違う方法を提案する）

☆☆がうまくできません
（苦手な分野を伝える）

ちょっと待ってください
（時間的な余裕を求める）

わかりません
（理解度を伝える）

××してもらえますか？
（希望を具体的に伝える）

3 15ステップのコミュニケーション・トレーニング

本書のトレーニングは、15のステップに分かれています。
親子で楽しみながらとりくめるものです。
きょうだいどうし、友達どうしでもできます。
おおまかな流れはありますが、順番どおりでなくても、
効果は期待できます。気になるところからはじめてみましょう。

トレーニングの基本

ロールプレイ形式で、実際にやってみる

コミュニケーションは実践のなかで学ぶ

コミュニケーションには、言語的な要素と非言語的な要素があります。言語的な要素は、そのものずばり、言葉。なにを言うかです。非言語的な要素とは、言葉以外のこと。口調や視線、表情、しぐさなどを通じて伝わることです。コミュニケーション・トレーニングでは、その両方を学んでいきます。

そのためには、親が子どもにただ言い聞かせる方法では、なかなかうまくいきません。ロールプレイという実演形式をとり入れ、日頃のコミュニケーションを再現したり、見直したりすることで、子どもが自分で改善点に気づけるように工夫します。

トレーニングページの見方

3章48〜81ページでは、15ステップのトレーニングを紹介しています。各項目に、身につけたいスキルと、そのスキル習得のための初歩的なトレーニング法の解説があります。

トレーニングのテーマ

各ステップにそれぞれテーマがあります。気になるところからはじめてみましょう

トレーニング方法

左側のページは、具体的なトレーニング法。この方法で基礎をつくり、実生活のなかで質を高めていきます

身につけたいスキル

右側のページは、よい例。トレーニングを通じて最終的に身につけたい、スキルの完成形がまとめてあります

ロールプレイとは実演のこと

ロールプレイとは、役割（ロール）を演じる（プレイ）こと。本書のトレーニングでは、親が子どもの友達役などになり、トラブルになりやすい場面を演じることで、コミュニケーションを学びます。

POINT

誘導ではない

ロールプレイは、親が子どもを自分の理想どおりに導く方法ではない。実演のなかで子ども本人が、より適切なふるまいに気づくことがポイント。

本人に実演させる

子どもに本人役や、特定の条件の役を演じてもらう。実演しながら、自分のよいところや悪いところ、適切なコミュニケーション法を学ぶ

大人が手本を見せる

親や専門家など、大人がロールプレイのなかで、適切なコミュニケーションのとり方を手本として見せる

実演するとセリフだけでなく、しぐさなどを含めた総合的なコミュニケーションを学べる。大人が言葉で指示するだけでは、そこまでは学べない

言い聞かせる

必要なことをただ言い聞かせるだけでは、スキル習得につながりにくい。セリフを覚えるだけになりがち

友達に特定のものごとを説明することなどを、親子で実演しながら練習する

クイズやゲームを使って、楽しくとりくむ

友達が怒っているることなんて、見ればわかるでしょう!

発達障害の子には、見て学ぶのが苦手な子が多い。それを知らないと、苦手なことを強要してしまいがち

つらいトレーニングでは効果なし

子どもは少しずつ、自分なりのやり方でコミュニケーションを学んでいきます。大人の期待や、ほかの子のやり方を押しつけて、つらい思いをさせないように注意しましょう。

長時間の練習 ×

もともとコミュニケーションが苦手な子なので、練習も親が思っている以上に疲れる。あまり根をつめないで

見て学ぶことを求める

「見て学ぶ」「一度聞いて覚える」などの学び方が苦手な子もいる。親の常識で考えないように

失敗や苦労はできるかぎり少なく

トレーニングの効果を高めるコツは、子どもがいい気分でとりくめるようにすることです。

親から言われて嫌々とりくんでいるのでは、学習効果はなかなか発揮されません。そういうときは親の都合が優先されがちで、トレーニング内容も、子どもにあわないものになっていきます。失敗しやすく、そのままでは子どもはトレーニングから離れていきます。

子どもが主体的にとりくめるように、内容や形式を工夫しましょう。トレーニングと言ってはじめるよりも、クイズやゲームだと言ったほうが、子どもはいきいきと活動します。

楽しめるトレーニングに

子どもが興味をもち、楽しんでとりくめるように、内容を調整しましょう。早く上達することよりも、トレーニングを長く続けられることのほうが大切です。

映画を見ながら、登場人物の表情についてクイズを出す

いまの人はどんな気持ちだったかな?

クイズを出す ○

クイズ形式にすると、子どもが自分で考え、答えを選ぶので、スキルを習得しやすくなる

ゲームにする

家族を2チームに分けて対抗戦にするなどのゲーム形式をとると、子どものやる気が高まる

クイズやゲームでは遊びになってしまうと思うかもしれないが、遊び感覚があったほうが、子どもが主体的になりやすい

POINT ルールを明確に

クイズもゲームも、最初にルールを明確に示す。ルールがあいまいだと、その点で言い争いが起こりやすく、トレーニングにならない。

その動物は、何色ですか?
白です

チーム対抗の連想ゲーム。楽しみながら質問の仕方を練習できる

具体的に教えながら好きなものも活用する

トレーニングは説教になりがち

子どもがうまくできないときに、いつもどおりの注意をしては、説教や小言のようになります。

いつもと同じ注意 ✕

「丁寧に」「もう1回」など、ふだんの注意と同じ言い方では、子どもはどうふるまえばよいかわからない

説教になってしまう ✕

言えば言うほど、説教じみてくる。子どもが重圧を感じ、トレーニングにとりくみにくくなる

子どものためを思ってはじめたトレーニングが、口論のもとに

トレーニングへの抵抗感をやわらげる

トレーニングは、子どもにとっては基本的に、苦手なことへのチャレンジです。けっして楽しいことではありません。

しかし、楽しくない課題にとりくむからこそ、その努力が、今後の生活の改善につながっていきます。子どもにとって、必要なことでもあるわけです。

子どもの負担や抵抗感を完全になくすことはできませんが、せめてそれがやわらぐように、工夫できるところはしていきましょう。

トレーニングの本質を変えないように注意しながら、キャラクターや趣味の話を積極的に入れこんでいきます。

トレーニングが進むごとに、子どもの好きな電車のシールを貼っていくなどの工夫をする

子どもが興味をもてるように

トレーニングの内容や身につけたいスキルは具体的に説明しますが、子どもが興味や親しみをもてるように工夫もします。

スキルは具体的に伝える

質問の仕方や答え方などのセリフと、表情や口調、姿勢などの非言語的な要素を、具体的に教える

趣味を活用する

スポーツや動物、服装など、その子の趣味をトレーニングのテーマやトレーニング後のごほうびに使う

ふだんの注意との差別化のためにも、キャラクターや趣味をとり入れる

キャラクターをキャッチフレーズに

トレーニングやスキルに「天使」「勇者」などのキャッチフレーズをつけて、子どもが興味をもてるように工夫する

POINT

エピソードは現実的に

トレーニングで扱うエピソードにまでキャラクターを使うと、子どもが「魔法でどうにかする」などの非現実的な解決策を出すことがある。エピソードは現実的なものにする。

相手を傷つけない言い方を「天使のセリフ」とたとえるなど、子どもが考えやすいたとえ話に

有《あり》光《みつ》アドバイス

トレーニングの「順番」は厳密なものではない

ステップは発達のおおまかな目安

ステップ一から一五までの順番は、コミュニケーション・スキルを習得しやすい順に、おおまかにまとめたものです。

学術的に正しい発達の順序を掲載しているわけではありません。また、すべての子がこの順序に当てはまることもありません。

本書の順序は、おおまかな目安です。この順番でとりくんでいくのがおすすめだという意味で、とらえてください。

順番にこだわらず、読んでみて気になったところからチャレンジするというくらいに、気軽にはじめましょう。

子どもが気分よくとりくめることが第一です。

おおよその順序がある

本書のトレーニングは、STEP①から⑮まで、順番にとりくんでいく流れになっています。比較的難易度の低いものから、高いものに向かっていきますが、これはおおよその流れです。

姿勢よく座って話を聞くスキルは、コミュニケーションの全体の基礎になるもの。前半でとりくむ

STEP ①〜④	STEP ⑤〜⑩	STEP ⑪〜⑫	STEP ⑬〜⑮
コミュニケーションの基礎となる「話す」「聞く」の練習	話す・聞くを使って「会話」のすれ違いを減らす練習	より複雑なことを「説明」し、わかってもらうための練習	適切な「感情」表現を中心とした、難易度の高い練習

入れ替えてもよい

いまトラブルになっているのが「会話」で、「話す」「聞く」がある程度できていれば、順番を変えてもよい。

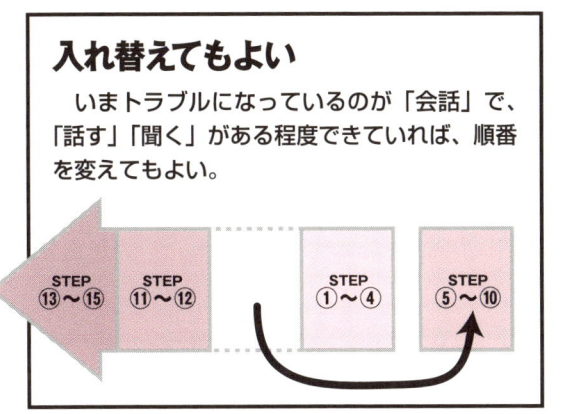

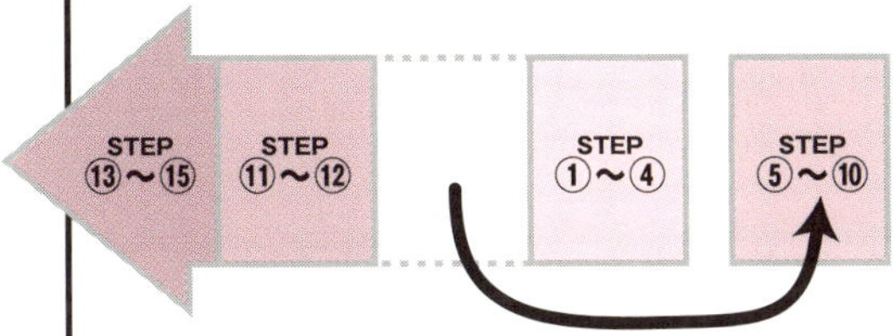

対応 順番よりも悩みを優先する

トレーニングの主な目的は、生活上の悩みを軽減すること。途中のSTEPからはじめたり、順番を変えたりしたほうが目的にかなう場合には、そうしましょう。ただし、STEP⑫までがどれもうまくいかない状態で、難易度の高いSTEP⑬以降にとりくむのはさけてください。

並行するのもよい

「話す」「聞く」と「会話」を並行してトレーニングし、相乗効果をねらうのもひとつの方法。ほかのSTEPとの並行でもよい。

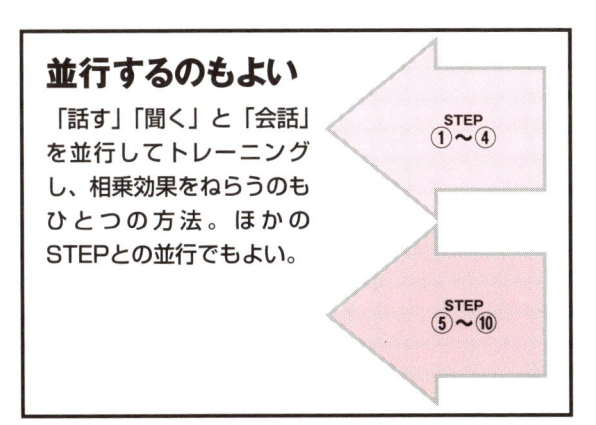

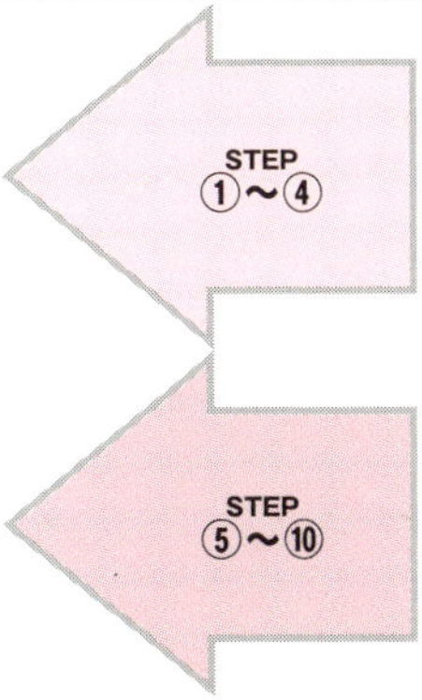

苦手なことだけでも

気になるのが「説明」の苦手さで、ほかのことはある程度できている場合は、該当するSTEPだけでもよい。

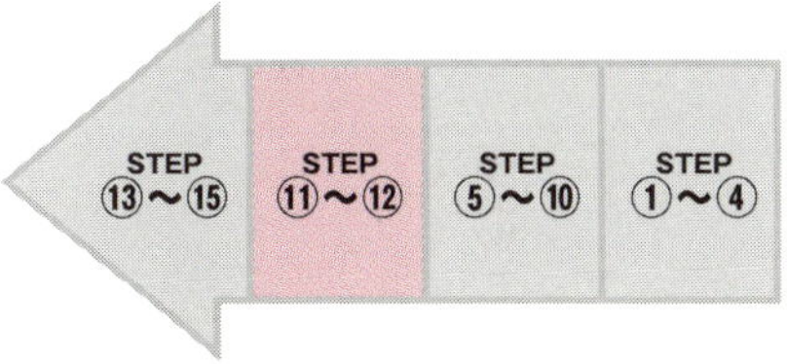

本書のトレーニングを1から順番に、
すべてしっかりとこなすのは大変でしょう。
子どもに完璧を求めないのと同じで、親も完璧をめざさず、
できる範囲でトレーニングにとりくんでいってください。
まずは気になるところから、チャレンジしてみましょう。

STEP ①【笑顔】

親も子も、まず笑顔であいさつ！

トレーニングの第一歩は、あいさつです。
あいさつを覚えることが、コミュニケーションの土台になります。

目標 日頃のあいさつや他愛ない会話は、コミュニケーションの基礎。それができなければ、複雑なやりとりは育っていきません。まずは機械的な動作でもよいので、笑顔であいさつする習慣をつくりましょう。最終的には、自然に笑顔であいさつ、受け答えができるようになりたいものです。

たすけてもらったときに
笑顔でお礼を言えれば、
そのあとのコミュニケー
ションにつながる

このスキルがないと……

笑顔がない子には、世の中を警戒している子が多い。このスキルがない子には、サポートや成功体験が必要。そのままではコミュニケーションがますます減っていく。

【笑顔】のトレーニング

1 あいさつをセリフとして覚える

あいさつを言う意識や
習慣がない子には、初歩的な対応から。
よく使う言葉をセリフとして教える。
「どういたしまして」「どうぞ」など、
受け答えに役立つ言葉も
覚えてもらう

↓

2 タイミングを決めて言う

どの言葉をどんな状況で言うのが
適切か、子どもに示す。
「朝、友達と会ったとき→おはよう」
「ものを貸すとき→どうぞ」
など具体的に教える

↓

3 できれば笑顔で言ってみる

最初は覚えたとおりに機械的に
あいさつをする。それができるように
なったら、笑顔であいさつをする練習。
少しずつ、非言語的な要素を
身につけていく

バイバーイ！
また明日遊ぼうね
バイバイ

友達のあいさつを、そのまま真似して返すことからはじめるのもよい。言葉や口調を相手にあわせる

効果 あいさつと笑顔をきっかけに、コミュニケーションが広がります。友達に話しかけたり、話しかけられたりすることが、自然と増えていきます。親や教師も、叱ってばかりで笑顔を失い、子どもとのコミュニケーションがとりにくくなっているのなら、このトレーニングが必要です。

STEP ②【声の大きさ】

5段階の大きさを実感する

どこにいっても大声で話し、周囲から浮いてしまう子には、
声の大きさのトレーニングが必要です。

ボリューム5 ◆ とても大きな声

運動会のとき、校庭で友達を応援する声。
せいいっぱい大きな声を出す

ボリューム4 ◆ 大きな声

教室でみんなの前に出て発表をするときの声。
遠くの席の子にも聞こえるように大きな声を出す

ボリューム3 ◆ ふつうの声

親や先生、友達と話すときの声。
まわりの人に聞かれてもよいことを話す

ボリューム2 ◆ 小さな声

まわりの人に聞かれたくないことを話すときの声。
話し相手にだけ聞こえるようにする

ボリューム1 ◆ とても小さな声

赤ちゃんを寝かしつけるときの子守唄。
眠っている人の近くで話すときの小声

ボリューム0 ◆ 声を出さない

授業中など、声を出してはいけないときのこと。
ボリューム0を意識的にできるようにしたい

声の大きさは、言葉で言い聞かせてもなかなか実感できない。左のような表をつくり、子どもに見せながら練習するとよい

目標

「うるさい」「静かにしゃべりなさい」と叱っても、子どもに伝わらないことがあります。とくに自閉症スペクトラムの子は「静かに」というあいまいな表現の理解が苦手です。ボリュームレベルの表（左記）を見ながら実際に声を出す練習をしましょう。状況にあわせた声の出し方を習得していきます。

このスキルがないと……

静かな場で大声を出してしまったりして、悪目立ちする。注意されても直せず、「空気の読めない子」「変わった子」などと言われて、友達から敬遠されてしまう場合もある。

【声の大きさ】のトレーニング

運動会の応援、授業での発表、ひそひそ話などを思い浮かべて、そのときの声を実際に出してみる

1 実際に声を出してみる

親が「○○のときは？」と状況を示し、子どもにその状況にあった声で話してもらう。大きな声を出しても、まわりの迷惑にならない環境でおこなう

2 大人と答え合わせをする

子どもが声を出したら、その声がボリュームいくつで、適切な大きさはいくつか、答えを示す。ボリュームレベルの表を見ながら親子で発声し、声の調整を練習する

答えの例

◆校庭で友達を応援するとき……ボリューム5
◆自分が発表するとき……ボリューム4
◆友達とのないしょ話……ボリューム2
◆人が発表しているとき……ボリューム0〜1
◆友達と遊んでいるとき……ボリューム3
◆遠くにいる人を呼ぶとき……ボリューム4
◆友達が腹痛におそわれたとき……ボリューム2
（※友達がはずかしい思いをしないよう、ボリュームを下げる）

発表の声がボリューム4だと理解できても、どうしても声が小さくなる場合には、既刊『緊張して失敗する子どものためのリラックス・レッスン』（講談社）もご覧ください。

効果 子どもは表を見ながら声を出すことで、声の大きさを具体的に実感し、声の調整法を身につけることができます。また、親が多くの場面を例に出せば、子どもは調整法を覚えると同時に、各場面で必要となるレベルも覚えます。声が大きいと注意されたとき、その意味がわかるようになります。

STEP ③【聞く姿勢】
6つのポイントをチェック

話すスキルと同じように重要なのが、聞くスキル。
聞き方には6つのポイントがあります。

基本の4ポイント
（小学校低・中学年向け）

- よい姿勢で聞く
- 黙って聞く。口をさしはさまない
- 話している人を見る
- あいづちをうつ、うなずく

目標 人の話を聞けないのは、AD/HDの子によく見られる悩みです。じっとしているのが苦手で、先生が話しているときに席を立ったり、人の話に割りこんだりしがちです。トレーニングを通じて、話を聞くときの6つのポイントを学びましょう。話を聞くという基本スキルが身についていきます。

よい姿勢で静かに話を聞くことができれば、相手も丁寧に話してくれる。質問をするときにもトラブルになりにくい

応用の2ポイント
（小学校中・高学年向け）

- 話したいことはメモする。あとで話す
- わからないことがあったら聞く

このスキルがないと……

本人は聞いているつもりでも、姿勢が崩れたり、よそ見をしたりすれば、まわりは「態度が悪い」「聞く気がない」と感じる。先生には叱られ、友達にはあまり話しかけてもらえなくなっていく。

【聞く姿勢】のトレーニング

そうそう。
いまのタイミングで
うなずいたのは
よかったよ

きょうだいが話す役、トレーニングをする子が聞き役、親がチェックする役に。親は注意するより、よい点をほめるようにする

1 6つのポイントを確認

現時点で6つのポイントのうち、いくつできているかを確認。会話のロールプレイをしながら親が子どもの状態をチェックする

2 苦手なところを練習する

チェックのときと同様にロールプレイをしながら、子どもがうまくできたときに声をかけ、また、あいづちをうつタイミングや、よい姿勢を教える

聞く姿勢の教え方

- ◆あいづちやうなずきが大きい子・多い子には「相手が話し終わったときに」「1回だけ」
- ◆よそ見が多い子には「お母さんの顔を見て」
- ◆姿勢がくずれやすい子には「手はひざに」「背すじをのばして」「足を床につけて」

効果 トレーニングでは、最初は10秒でもよいので、聞く姿勢ができたらほめてあげてください。成功体験が積み重なるにつれ、しっかりと聞ける時間が長くなっていきます。6つのポイントを少しずつ身につけていきましょう。聞く姿勢が身につくと、そのスキルをもとにして、話を理解する力や、わからなかったときに質問する力も育っていきます。

STEP ④【気持ちの読みとり】

表情リストを使って読みとる

人の気持ちを察するのが苦手な子には、
表情リストや写真を使ったトレーニングが有効です。

このスキルがないと……

悲しい気持ちで打ち明け話をしている友達に、ふざけて返答するなどの、会話のすれ違いが起こる。相手にあわせて悲しそうにするなど、自分で表情をつくることも苦手に。

目標 友達と話したり遊んだりしているとき、相手の表情の変化になかなか気づかない子がいます。多くの子が暗黙のうちに学んでいくことを、なかなか理解できないのです。なかには、本人はできていると思っていて、問題に無自覚な場合もあります。表情やしぐさから気持ちを読みとる方法を、具体的に教えていきましょう。

表情と感情をセットにして、一覧表をつくる。イラストやマンガ、写真を活用。「うれしい」「悲しい」だけでなく、もっと複雑な表情も読みとれれば、スキルは十分

トレーニングに使う表情リスト

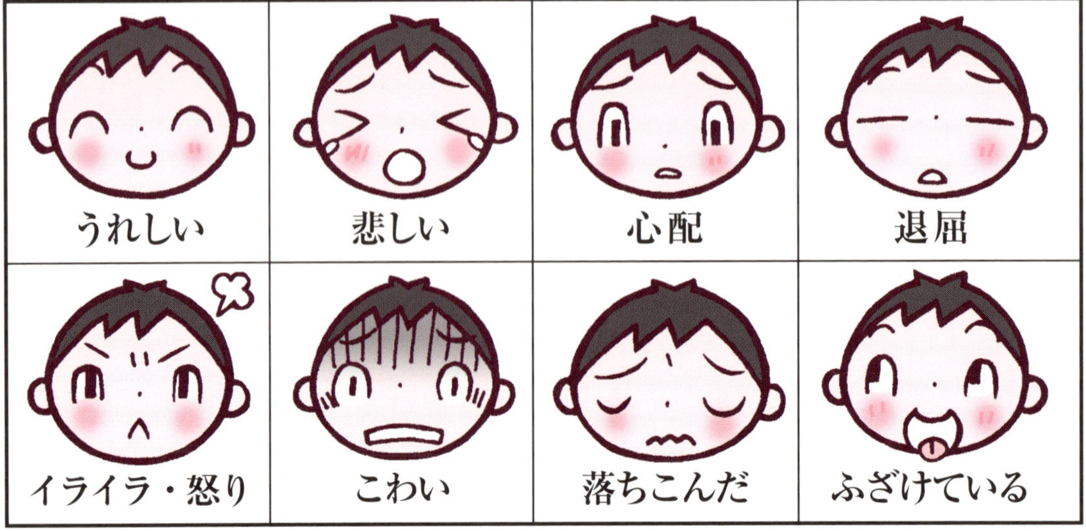
うれしい
悲しい
心配
退屈
イライラ・怒り
こわい
落ちこんだ
ふざけている

【気持ちの読みとり】のトレーニング

1 表情・感情リストで理解力をチェック

右ページのような一覧表をつくって、子どものスキルをクイズ形式でチェック。「こういう顔のときはどんな気持ち」などと聞いて、答えてもらう

さっきの練習の写真だよ。お父さん、退屈そうにしているね。練習中は気づかなかっただろう

会話の様子を写真や動画に撮り、それを見せながら、表情の読みとり方やつくり方を練習する

2 鏡や写真を使って表情のトレーニング

ロールプレイを写真や動画で撮影して子どもに見せたり、鏡で表情を確認したりする

鏡を見ながら、表情をつくる練習をするのもよい。表情の読みとりにも使える

3 表情やしぐさについて話しあう

手本や写真、動画などを見せながら、その表情について、親子で話しあう。理解が正確か、反応が適切か、具体的に説明する

効果 話を聞くときも、自分が話すときも、相手の気持ちを理解しようとする習慣ができます。また、理解するための手がかりをいくつも学べます。自閉症スペクトラムの子は気持ちの読みとりがとくに苦手なので、手がかりをひとつでも多く覚えておくとよいでしょう。小学校高学年になったら、読みとりと並行して、自分で表情をつくる練習もします。

STEP ⑤【順番に話す】
道具を使って会話のキャッチボール

ボールを投げたり捕ったりするような感覚で、
会話をテンポよく進める練習をしましょう。

目標 自閉症スペクトラムの子は会話のなかで、興味のあることを一方的に話し続け、相手の話を聞かないことがあります。それでは会話になりません。自分の話を適度に切り上げるスキル、相手の話を適度に聞くスキルを身につけましょう。話し手を交替するルールで、順番に話すトレーニングをおこないます。

オレ、サッカーの
○○選手が好きなんだ。
サッカーだったら、
誰が好き？
日本代表の
△△選手かな。
どう思う？

とくに意識しなくても、話したり聞いたりして、相手と役割を交替しながら会話できる

このスキルがないと……

いつも一方的に話してしまったり、反対に、いつも相手の言うことを聞いてばかりでなにも言えなくなったりする。会話のリズムがつかめず、話に途中から入ることも苦手に。

【順番に話す】トレーニング

へえー、
そうなんだ。
えーっと、
私は……
私はこの間、
水族館に行ったんだ。
白熊がかわいかったよ。
○○ちゃんは最近
どこに行った?

ぬいぐるみなどを使って、話す役を明確にする。話すべきタイミングがわかりやすくなる。子どもどうしでも親子でもできる

1 ぬいぐるみやカードを用意

手渡しできる道具を用意する。カードは手渡しして使うほか、一人ひとりが話した回数を数えるためにも使える

2 道具を持った人が話す

2人以上で、テーマを決めて1テーマで3~5分間話す。道具を持つ人が話し、終わったら次の人に道具を渡す。ひとりで話し続ける子には声をかけ、交替をうながす

3 終わったら結果を確認する

話し終えたら、発言の回数や長さが適切だったか、親やきょうだいといっしょに振り返る。カードを使って発言の回数を数えておくとよい

自閉症スペクトラムへの対応

◆なにを言ってよいかわからない子は、先に言いたいことを5つメモしておく
◆STEP⑫も参考に

AD/HDへの対応

◆相手が話し終わる前にしゃべる子は「待ってから話す」を目標に
◆とりとめなく話す子は言いたいことを5つにしぼり、ひとつずつ話す

効果 道具を使うことで、話の長さや話す回数の多さを、視覚的・具体的に示すことができます。子どもは適度な長さで話し、相手に問いかけができるようになっていきます。話しすぎと聞きすぎ、どちらの悩みにも適したトレーニングです。STEP③とあわせておこなうことで、会話の基礎が身についていきます。

STEP ⑥【相手をほめる】

興味のない話に何回のっかれる?

会話を楽しく続けるコツは、相手の話にのること。
これもトレーニングで身につきます。

目標 STEP③に続いて、人の話に興味をもつこと、その会話を広げることを、スキルとして身につけていきます。練習では、話すテーマをランダムに選び、どんな話題でも関心を示し、会話を続けられるようにチャレンジ。自閉症スペクトラムの子で、興味のかたよりが激しいタイプに、とくに必要なスキルです。

- ●興味のないことでも聞く
- ●聞いたことを心のなかでまとめる
- ●よいと思った点をほめる（84ページも参考に）

ありがとう！ ○○だよ
えー、かわいい！ その服、どこで買ったの？

話を聞きながら共感できるところを見つけ、返事をすることで、会話が盛り上がっていく

このスキルがないと……

「話しても楽しくない相手」だと思われてしまうことが多く、友達がなかなか増えない。友達になっても、会話を重ねるうちに疎遠になったりする。

【相手をほめる】トレーニング

各テーマに番号をつけ、サイコロを振って出た目のテーマについて話す

トークテーマの例

- ◆好きなテレビ番組
- ◆好きなゲーム
- ◆好きなマンガ
- ◆特定の飲食店
- ◆特定のテーマパーク
- ◆芸能人や有名人
- ◆連休や週末の予定
- ◆国語や算数などの教科
- ◆遠足や運動会などの行事
- ◆自慢できること

1 テーマをランダムに選ぶ

会話のテーマをリストアップ。くじをつくったり、番号をふってサイコロを使うなどして、テーマをランダムに選べるようにする

2 テーマについて会話する

テーマを選び、会話をはじめる。説明したり、相手に質問したりして、話を広げていく

3 興味がなくても一定時間続ける

興味をもてない話題でも、気になる点を探して、返事をする。3～5分間で終了。問題点をふり返ってから次のテーマへ

自閉症スペクトラムへの対応

- ◆日頃から同年代の子が好きなことに親しむ
- ◆「どうして好きなの？」「どこにあるの？」「もっと教えて」など、話を引き出すセリフを覚えておく

効果 人の話をただ聞くだけでなく、上手に返事をして、相手をよい気持ちにさせる「グッド・リスナー」になっていきます。ただし、人をほめるのは大人でも難しいもの。このスキルは、簡単には上達しません。まずは、相手の話を真剣に聞き、相手をほめる返事がひとつでもできたら、成功といえるでしょう。

STEP ⑦【質問】
話を止めて、わからないことを聞くコツ

質問が上手な人は、聞くタイミングのとり方が上手です。
「聞きやすい状況」を覚えておきましょう。

目標 聞きたいことや言いたいことがあっても、うまく発言するタイミングがつかめず、黙っている子がいます。わからないまま授業を受け、学力が落ちていくことがあります。タイミングよく「ごめん」「ちょっと待って」と断り、「○○がわからない」「教えて」と質問できるように、練習しましょう。

ごめん。
その○○っていうのを
知らないんだけど、
どんなもの？
教えてくれる？

調べ学習などでグループ活動をしているとき、わからないことを放置せず、タイミングよく質問できると、会話がかみあう

このスキルがないと……

聞いたのに理解できていないことが多く、話が食い違う。発言のタイミングがつかめず、質問以外にも、言いたいことを言わずに我慢する。ほかの子の言いなりになってしまうケースもある。

【質問】のトレーニング

「父親ときょうだいが急いで出かけようとしているとき」は質問しにくいことを、実際にその場面を体験したときに教えてもらう

質問の仕方

◆自閉症スペクトラムの子は、話と無関係な質問をする傾向あり。STEP⑧をおこない、相手を不快にさせない質問の選び方を学ぶとよい

1 質問の仕方やタイミングを教える

質問や発言が苦手な子には、話す内容の選び方や、会話の止め方を具体的に教える。「ちょっと待って」と断るときには、手を挙げるなどの動作をつけたほうがよいことも伝える

2 ロールプレイで練習する

家族でロールプレイ。会話中やさまざまな場面で、うまく質問できるかどうか、実際にやってみる。聞く内容やタイミングを確認して、話しあう

質問のタイミング

◆会話が止まったとき、わからない言葉が出たとき、人が話をまとめているときは質問しやすい

◆AD/HDの子は、質問をしすぎる傾向あり。「相手が話し終わったとき」「先生が近くに来たとき」にだけ質問することを教える

効果 練習を重ねるうちに、質問のポイントやタイミングがつかめるようになってきます。それは、発言のコツでもあります。空気を読む力がついたということもできます。質問ができるようになれば、わからないことが減るため、話を理解するスキルも上がっていきます。

有光《ありみつ》アドバイス

苦手でも「その子なり」に変わっていく

劇的な変化はない

コミュニケーション・トレーニングは、発達障害によって引き起こされている生活上の悩みを軽減するものです。発達障害そのものを劇的に変化させるものではありません。

苦手で苦しんでいる
会話やものごとの理解、感情表現などが苦手で、生活するのがつらい
さけられている
友達がいない
いじめられている
トレーニングの効果
苦手だけどつらくはない
苦手さが消えたわけではないが、生活上の支障が出にくくなった
友達と遊べるように
仲のよい子が増えた
いじめられなくなった

確実に生活しやすくなっていく

本書は発達障害の子の生活改善に役立つトレーニングを紹介していますが、それらはいずれも、生活を劇的に改善する方法ではありません。

「これさえすれば万事解決」という過大な期待はしないでください。

トレーニングは、親子でコミュニケーションへの理解を深め、適切なふるまい方をより多く学ぶためのものです。

親や教師にとっては、子どもへの理解を深めるプロセスでもあります。

その子の特性、その子のやり方を本人とまわりの人が理解することで、確実に暮らしやすさができていきます。

対応 マイペースでとりくむ

子ども一人ひとりに、それぞれの生活があります。本人に悩みを聞き、本人の希望を確認しながら、トレーニングの内容や目的を設定しましょう。その子のペースでとりくむことが大切です。

なだらかな山道を登っていくイメージで、小さな進歩や変化を大切に、トレーニングしていく

本人の希望を重視

トレーニングの前に、まず本人の希望を聞く。親は目標を高くしがちなので、親の基準では判断しない。本人のペースを重視。本人が興味をもてるように工夫もする。

スモール・ステップで一歩ずつ

必要性にも配慮して

担任の先生に、いま学校生活で必要なスキルを聞き、トレーニングにとり入れる。本人が明らかに困っていることも参考に。小学校高学年になっても本人が問題に無自覚な場合、改善する必要性を説明し、理解してもらう。

苦手なことを克服するのは、簡単ではありません。
大人だって、不得意な仕事をこなすのは
難しいでしょう。変わるのは難しい。
そう意識して、子どもの小さな成長を
見逃さず、大いにほめましょう。

STEP ⑧【話題選び】

相手を傷つけない話題の選び方

話し相手が嫌がる話題を
平気で話してしまうタイプの子に必要なトレーニングです。

目標 自閉症スペクトラムの子は人の気持ちを察するのが苦手で、相手が嫌がる話でも平気でしてしまいがちです。その場その場で柔軟に話題を選ぶのは難しい場合もあるので、話題選びを規則的に教え、まずタブーを口にしないように、トレーニングしましょう。それだけでも、会話のトラブルは減っていきます。

相手が楽しめるテーマ

◆共通の趣味
◆自分は興味がなくても相手は好きなもの（ゲームやスポーツなど）
◆おめでたい話題（優勝や受賞など）
◆いっしょに遊ぶ予定
◆相手が好きな行事・教科

このスキルがないと……

話し相手を怒らせ、口論になったり、嫌われたりする。気持ちを読みとるスキル（54ページ参照）が不足していると、相手の怒りを見過ごしやすく、問題はより深刻に。

相手を傷つけるテーマ

◆相手の苦手なこと（勉強やスポーツなど）
◆話し相手本人やその家族、ペットの病気
◆体の話（背が低いなど、相手が気にしていること）
◆自分はもっていて、相手が欲しがっているもの
◆相手の失敗
◆相手は参加しない遊び
◆相手が嫌いな行事・教科

ペットの猫が亡くなったことを話題にすれば、相手を悲しませてしまう

【話題選び】のトレーニング

友達の日頃の様子を思い出す。とび箱が苦手な子には、運動の話をさける。その判断を親に伝えてアドバイスを聞く

1 一覧表で選び方を学ぶ

右ページのような表で、話題選びの基本形を教わる。まず、相手を傷つけやすいテーマを覚え、その話題で話さないようにする

2 友達に当てはめて考えてみる

テーマの一般的な分類に、特定の友達の場合を当てはめてみる。たとえば運動会は、相手によって、よいテーマにも悪いテーマにもなる。ロールプレイをして、結果を親と話しあう

3 結果を試してみる

友達にあうテーマがわかったら、実生活にとり入れる。しばらく実践して、会話が増えたり広がったりすれば成功。うまくいかなかったら、親といっしょに話題を選び直す

効果 話し相手を傷つけたり、怒らせたりすることが減ります。また、一般的に好まれる話題と、特定の友達が好む話題を区別できるようになっていきます。自分の好みが一般的にどの程度好かれているかを考えるチャンスでもあります。

選び方のポイント

◆自閉症スペクトラムの子には、なぜ特定のテーマが相手を傷つけるか想像し、答えてもらう。それに親が回答して話しあう
◆AD/HDの子は、話し出す前に心のなかで「話題選び」とつぶやくクセをつける。衝動的に話題を選ぶことを減らしていく

STEP ⑨【謝る】

謝罪はあわてず、落ち着いて

相手に悪い、謝ろうという気持ちがあっても、スキルがなければ失敗しがち。
トレーニングしましょう。

目標 謝るのが苦手な子には、いくつかのタイプがあります。AD/HDの子は謝っても許してもらえないとき、手が出ることがあります。リラックス法を身につけましょう。自閉症スペクトラムの子は、なぜ相手が怒っているのかがわからず、むしろ自分が傷ついたと主張することがあります。ロールプレイを通じて、相手の気持ちを想像することが必要です。

考えを整理して謝れば、相手に気持ちが伝わりやすい。怒っていても、話を聞いてくれる

このスキルがないと……

訂正するタイミングを逃したり、謝るときに余計なことを言ったりして、問題が悪化してしまう。小さなすれ違いから、人間関係がこわれていく。

【謝る】トレーニング

子どもの行動の責任は、親にも一部あるのだと考え、「いっしょに謝ろう」と伝える。子どもをあたたかく後押しする

お母さんも
いっしょに謝るよ。
なんで相手が怒ったか
いっしょに考えて、
明日謝ろう

謝るときのポイント

◆言い訳をしない
◆相手の悪いところを非難しない（謝罪とは分けて、後日話す）
◆悪口や相手を傷つける話し方をさける
◆過去のことを持ち出して、話を複雑にしない

1 リラックス法を探す

気持ちを落ち着ける方法のなかから、自分にあったものを探す。イライラしたときなどに実践してみて、効果を確認する

2 謝り方をロールプレイ

リラックス法の習得と並行して、謝り方の練習をする。ロールプレイで実際に謝ってみて、タイミングや言葉が適切かどうか、親に確認してもらう

効果 リラックスすること、適切に謝ることを身につけると、間違ったときに自分で立て直すことができるようになります。そのため、なにごとにものびのびととりくめます。謝るつもりだったのに文句を言うというトラブルをさけるため、トレーニングを通じて、過ちをシンプルに伝える方法を学びましょう（22ページも参考に）。

リラックス法の例

◆部屋を出て気分を切り替える（トイレに行くなど）
◆深呼吸をする
◆あらかじめ決めておいた「おまじない」をとなえる
◆当事者以外の友達に聞いてもらう

STEP ⑩【要求】

遊びを使って要求スキルアップ

友達どうしで遊びに誘いあうやりとりを通じて、
自分の希望を相手に伝えるスキルが身につきます。

目標 親や教師、友達に、自分のしたいことをはっきり伝えられるよう、要求スキルを鍛えましょう。一方的に要求だけするのではなく、相手の要求も聞き、相談することも学びます。遊びに誘ったり、相手の誘いを断ったりするやりとりから、要求の仕方を学ぶことができます。

自分のしたい遊びや知りたいことを、相手を
怒らせずに伝えることができる

このスキルがないと……

遊びの輪に無理やり入ったり、好きな遊びしかやりたがらないなど、自分勝手な様子が目立つ。友達が遊んでくれなくなり、孤立してしまう。

【要求】のトレーニング

空き箱にくじを入れて遊びをランダムに選ぶ。日頃のこだわりから離れて誘いあう練習をする。高学年になったらくじを使わず、好きな遊びに誘いあうのもよい

1 くじで遊びを選ぶ

くじにトランプやパーティゲームなどの遊びを書く。くじを引き、担当の遊びを選ぶ

2 互いの遊びに誘いあう

最初は「誘う役」「断る役」を決めてロールプレイ。次に、役をもうけず誘ったり断ったりする練習をする

3 要求の仕方を確認する

誘いあうやりとりのなかで、要求が強すぎたり、相手の要求を無視するなど、気になる点があれば、親が助言する

4 ルールを決めて実際に遊ぶ

どちらかの遊びに決めたら、ルールを相談・確認して、実際に遊ぶ。5分間遊んだら終了。今度は相手の選んだ遊びをする

相手を怒らせない断り方

- ◆「昨日もそれで遊んだから、今日は別の遊びをしよう」
- ◆「ださいから」など、相手を傷つける理由を言わない
- ◆「自分はこれがしたいから」など、身勝手な理由を押しとおさない

効果 トレーニングのなかで、子どもが要求を上手に伝えたり、みんなで決めたルールを守れたりしたら、たとえ当たり前のことでも、ほめてあげましょう。そうすることで、自分の希望を伝えるスキルが伸びます。「遊びのルールを勝手に変えてしまう」「興味のない遊びでは不機嫌になる」などのトラブルが解消していきます。

STEP ⑪【自己表現】
インタビューゲームで自己紹介

親が子にインタビューするゲームで、
子どもの回答力、自己表現力を鍛えていきます。

目標 自分がどういう人か、なにがしたいか、どう思っているかを、言葉で表現する力を育てます。タイミングよく、適度な長さで話せるようになることが大切です。トレーニングではとくに、話すべきことの見つけ方、言葉の探し方を鍛えていきます。そのためにインタビュー形式を活用します。

子どもどうしで遊んでいるときに、自分の好きなものやしたいことを表現できる

このスキルがないと……

説明のポイントがずれてしまい、自分が伝えたいことが相手に伝わらない。または、説明するタイミングがつかめず、言いたいことを飲みこんでしまう。

【自己表現】のトレーニング

スマートフォンをマイクにして、答えを録音しておくと、振り返って改善点を探すときに便利

質問の例

- ◆好きな食べ物は？
- ◆好きなテレビ番組は？
- ◆好きな有名人は？
- ◆得意なことはなんですか？
- ◆いまがんばっていることは？
- ◆休みの日はどこに行きますか？
- ◆家から学校まで何分かかりますか？

追加質問の例

- ◆どんなところが好きですか？
- ◆今後の目標はありますか？
- ◆行く途中になにがありますか？

1 インタビューゲーム

自分のことを説明する習慣をつけるため、インタビュー形式で質問と回答に慣れていく。親が子どもに3つ質問して答えてもらう。答えが文章になるよう、適宜、追加質問をする

2 答え方を確認する

子どもの答え方を確認して、助言する。回答が単語だけになっている、声が小さい、質問と答えがあっていないなど、改善点を具体的に示す

3 質問なしで自己紹介

問題を変えながら何度か続ける。ある程度答えられるようになったら、親からの質問なしで、自分の特徴を3つ説明することにチャレンジ

効果 自分のことを表現するためには、どんな言葉を使えばよいかが、わかってきます。多くの質問を体験することが、自己表現の幅を広げるのです。自閉症スペクトラムで話すことが思い浮かばない子には、実物や写真を見せると、トレーニングしやすくなります。AD/HDで思いついたことをすぐ話してしまう子は、このトレーニングで、落ち着いて自己表現できるようになります。

STEP ⑫【説明する】
言いたいことを書き出して順番をつける

プレゼンテーション・スキルを育てます。
大人になってからも役立つスキルです。

目標 話せば長くなることを、順を追って、相手にわかるように説明するスキルの習得をめざします。ポイントは、内容を整理すること。考えや発言が混乱しないように、あらかじめ言いたいことを書いて整理します。書くのが苦手なLDの子は、パソコンを使ったり、親にメモをしてもらうのもよいでしょう。

インドについて調べたことを発表します
インド
インドといえばカレーが有名です。ぼくたちは、インドでどんなカレーが人気なのか、調べました。いちばん人気があるのは……

調べ学習の結果を発表するとき、結論やまとめをひと言で伝え、そのあとにくわしい説明をする。友達が興味をもちそうなことを話せる

このスキルがないと……

長い話は支《し》離《り》滅《めつ》裂《れつ》になってしまう。話の順番が入れ替わったり、重要なことを言い忘れたりして、相手に話が伝わらない。文章を書くのが苦手になるケースもある。

【説明する】トレーニング

夏休みの思い出を説明したければ、休み中の写真を見ながら、言いたいことを整理するとよい

順番の例

1）夏休みにハワイに行った
2）ハワイまで飛行機で7時間かかった
3）ハワイでおいしいパンケーキを食べた
4）日本でも食べられることがわかった
5）今度みんなでいっしょに行きたい

1 親がつくった見本を見る

ヒントなしで話をまとめるのは難しい。親が左記の「順番の例」のような見本をつくり、子どもに見せる

2 言いたいことを書き出す

親の見本や写真などを見ながら、言いたいことを箇条書きにしていく。なかなか書き出せなくても親は待つ。親がインタビュー形式で質問してもよい

3 話す順番を考える

箇条書きにしたことを、どんな順番で説明するか考える。親と相談しながら、番号をふっていく。親は不要な話題や、不足している点を助言する

4 書面を見ながら実際に説明する

最後にメモを清書する。清書した書面を見ながら、実際に説明してみる。見ながら話すことに慣れたら、なにも見ないで説明する練習をする

効果 一生懸命話しているのに、相手にさっぱり伝わらないという悩みが解消していきます。話題が転換しやすいAD/HDの子や、自閉症スペクトラムで興味のあることばかり話す子に適しています。話を客観的に組み立てる力がつき、長い説明はもちろん、ちょっとした用事を伝えるときにも、相手にわかってもらいやすくなります。

STEP ⑬【事実と意見】

文章を事実と意見の2つに分ける

自分の思いこみに気づくために、
考えを文章化して、事実と意見に分けていきます。

目標 事実と意見を区別して、事実は客観的なこと、意見は主観的なこととして理解することを学びます。なお、文章に主観的な言葉がひとつでも入れば、意見とします。子どもに区別させるのは難しいと感じるかもしれませんが、これは小学生が国語の授業で学ぶことでもあります。

昨日、Aチームに0対3で負けたけど
オレはおしかったと思うんだ。終盤までは同点だったんだから

サッカーで、点数としては惨敗したあとに、そのイメージに惑わされず、自分の意見を言える

このスキルがないと……

事実に感情を重ねてしまい、必要以上に軽く見たり、重く見たりする。その結果、感情に振り回されやすくなる。宿題をすませていないのに、終わらせた気になり、「やったよ」と答えてしまうトラブルもある。

【事実と意見】のトレーニング

友達に無視されたという出来事を、「呼んだけど返事がなかった」という事実と、「返事がなくて嫌われたかと思った」という意見に分けて考える

1 練習問題にとりくむ

親が例題を用意し、それを子どもに見せる。一つひとつの項目について、事実か意見か、子どもに答えてもらう。文章を読ませ、それぞれの記述が事実か意見か、答えてもらうのもよい

2 答えあわせと振り返り

このトレーニングは、ほとんどの例題に正解がある。子どもに答えを伝え、あっていた場合にも間違っていた場合にも、説明を補足して理解をうながす

3 悩みを書いてみる

子どもが最近感じている悩みを箇条書きにしてもらう。親子で話しあいながら、それらを事実と意見に分けていく。思いこみに気づいたり、伝えるべき意見がわかったりする

例題

1）試合でひどく負けた
2）試合で0対3で負けた
3）マンガを読んだ
4）つまらないマンガだ
5）○○くんは背が高い
6）○○くんは△△くんより背が高い
7）宿題なんて余裕だ
8）宿題はひとつだ

答え……2、3、6、8は事実。1「ひどく」や4「つまらない」、7「余裕」が意見。5は誰とも比べていない主観なので意見。

効果 事実と意見を区別できるようになると、自分が考えていることのうち、どれが自分の思いなのか、わかるようになってきます。それを伝えれば、意見になるのだということもわかります。また、人の発言を聞いたときに、それが事実なのか意見なのか、考える力もついていきます。

STEP ⑭【主張する】
からかわれて嫌な気持ちを伝える

「嫌だからやめて」と言うことをトレーニングします。
健全な人間関係を保つための重要なスキルです。

目標 嫌な思いをしたときに、そのことを隠さず、相手にはっきり言うスキルを学びます。「嫌だ」というセリフだけでなく、まじめな表情で、相手に聞こえるようにはっきりと気持ちを伝えます。嫌だと思うのはなぜか、その理由を伝えるのがポイントです。暴言や暴力を使わず、冷静に伝えることをめざします。

服装を
からかわれるのは
嫌なの！ もう
言わないで！

気に入っている服をバカにされたとき、すぐに注意して、相手に反省をうながすことができる

このスキルがないと……

言い返せずに我慢してしまう。まじめな表情・口調で言えず、相手に真剣にとってもらえない。自閉症スペクトラムの子は相手の悪意に気づかず、いっしょに笑って喜ぶ場合もある。AD/HDの子は言葉ではなく、暴力で返すことがある。

【主張する】トレーニング

子どもが嫌っているセリフやからかい方を再現。それに対して毅然とした態度で主張できるように練習する

嫌なことの例

◆急にたたかれたり、けられたりする
◆顔や体、服装のことをからかわれる
◆テストやスポーツの結果をバカにされる
◆集中したいときにちょっかいを出される
◆会話中、あげあしをとられる

1 親が子どもに嫌だったことを聞く

ふだん、どんな言われ方をすると嫌だと思うか、子どもから聞きとる。「どうしてすぐ嫌だって言わないの」などと叱らず、「教えてくれてありがとう」とほめて練習をはじめる

2 ロールプレイでその場面を再現

嫌だと思ったときには主張してよいこと、その言い方を教えてから、ロールプレイ。子どもが嫌だと思う場面を、親子で再現する。親が実際に子どもをからかう

3 嫌だと主張する練習をする

子どもが主張できたら、その言い方やタイミングを確認。表情や口調もチェックする。問題点を話しあい、主張の仕方を練習する

効果 嫌な思いをしたとき、そのつど言い返すことができるようになります。からかいは、放っておくとエスカレートしやすいもの。すれ違いが小さいうちに対処できれば、いじめなどの問題を未然に防げます。相手が嫌がったときにも理解できるようになり、友達と対等な関係でつきあえます。

有《あり》光《みつ》
アドバイス

ほとんどのトラブルは「話せばわかる」もの

深刻化を防ぐ機会はある

コミュニケーションのトラブルは、最終的には孤立へとつながっていきます。しかし、最初から深刻な状態になっているわけではなく、状況を見直し、立て直すチャンスは必ずあります。

友達との会話や遊びで、失敗が続いている。友達を怒らせたり、困らせたりしてしまう

親や教師、友達から注意され、自分なりに努力して、問題を解決しようとしている

努力しても結果が出ず、友達づきあいをあきらめてしまう。自己否定的になる

コミュニケーション能力への自信を失い、自分がなにを言っても無駄だと思ってしまう

「言っても無駄」だと思わないで

コミュニケーション面の失敗をくり返し、落ちこんでいる子にまず伝えたいのは、ほとんどのトラブルは「話せばわかってもらえる」ということです。

失敗続きの子は、自信を失い、「もうなにを言っても無駄」だと思ってしまいがちです。

しかし実際には、よっぽどこじれた人間関係以外は、いまこれからでも、しっかりと話しあえば立て直せます。また、話しあうスキルを身につければ、今後のトラブルも防ぐことができます。

本人は、解決不能の課題のように思っているかもしれません。まず励ましてあげてください。

やり方を見直すこと、しっかり謝罪することで、ほとんどのケースは仲直りできる

対応 話し方を変えてみる

子どものコミュニケーションは、ちょっとしたすれ違いから失敗にいたります。スキルを見直して、解決していきましょう。子どもがうまくできたら励まし、ほめてください。

言い方を変える

トレーニングにとりくみ、話し方を総合的に見直す。言葉の選び方だけでなく、話すタイミングや声の大きさ、表情も調整する

→**STEP ①〜⑧、⑩へ**

はっきり謝る

大きなトラブルになっていて、原因が自分にあった場合には、どこが悪かったか、今後どう直すかをはっきりと伝える

→**STEP ⑨へ**

はっきり主張する

大きなトラブルになっていて、原因が相手にあった場合には、嫌な思いをしていることをはっきりと伝える

→**STEP ⑭へ**

トレーニングの鉄則のひとつは、
コミュニケーションをあきらめないこと。
「言っても伝わらない」と思ってしまったら、
改善するチャンスはなくなります。
子どもが「話せばわかる」と思えるように
励ましましょう。

STEP ⑮【距離のとり方】

友達づきあいの失敗を引きずらないために

近すぎず遠すぎず、適度な距離で友達とつきあっていく練習。
大人でも難しい、最終ステップです。

目標 友達とさわやかにつきあうことを学びます。都合が悪いときには相手の要求を断ることができ、相手から断られたときにも、必要以上に落ちこまないようにします。相手に声をかけるときの、押したり引いたりする「さじ加減」のトレーニングです。少しでもできるようになれば、人間関係をつくり、維持する力が伸びます。

いま帰り？
いっしょに帰ろうよ
いいよ！
片付けてくるから
待ってて

さわやかに誘ったり断ったりできる。一つひとつのやりとりが希望どおりにいかなくても、つきあい続けていける

このスキルがないと……

ささいなやりとりで相手を嫌ったり、見捨てられたと思ったりするため、人間関係がなかなか安定しない。つきあいにくい子だと思われてしまう。

【距離のとり方】のトレーニング

友達とのやりとりで悲しいことがあったら、図書館など好きな場所に行ってクールダウン。気にしすぎないようにする

クールダウン法の例

- ◆友達から離れて深呼吸
- ◆ひとりで好きな場所に行く（図書館など）
- ◆うまく会話できたときのことを思い出す
- ◆失敗してもイライラせず、自分を励ます言葉を言う

1 クールダウン法を身につける

67ページのリラックス法と同じように、気持ちを落ち着ける方法を探す。家庭で実践してみて、自分にあう方法を見つける

のけものにされたら

2 クールダウンしてもう一度誘う

仲間に入れてもらえない状態になっている子は、断られてもクールダウンしてもう一度誘うことを練習。68ページの要求スキルも参考に、さまざまな誘い方を覚える

近づきすぎたら

2 クールダウンして間をおく

仲良くしようとしすぎて「うざい」と言われて断られてしまった子は、断られたらクールダウンして自分を励ます練習。そして翌日に誘う、別のことに誘うなど、誘い方を工夫する

効果 のけものにされたり「うざい」と言われたりしていても、会話ややりとりがある程度できているなら、その友達との関係は改善できるでしょう。トレーニングのなかで親から助言を受け、相手との距離が近すぎるのか遠すぎるのか、理解していきます。最終的には、一度のやりとりを気にしすぎないことを学びます。

トレーニングのまとめ

ゴールは「いいお友達」になること

スキル優先のトレーニングは、子どもに苦手なことを強要し、その子を疲れさせてしまう

✕

能力ばかり見る

聞く姿勢のよさや説明のうまさなど、スキルの向上だけを求めると、子どもはなんのための練習かわからず戸惑う

→

まんべんなく鍛える

発達障害の子には苦手なことがある。すべてのスキルを同じペースで完璧に鍛えるのは難しい

スキルアップにこだわらない

トレーニングをすると、特定のスキルを身につけることができます。しかし、スキルアップばかり考えていると、子どもに負担がかかりがちです。

目的はスキルアップより生活の向上

友達とうまく遊べない。先生の話が理解できない。だから、トレーニングをするわけです。この前提を忘れないでください。

子どもたちは、会話にあわせる方法を練習したり、人の話を聞く姿勢を学んだりします。しかし、そんなにすぐには上達しません。

発達障害の子は、もともと苦手な面があって苦しんでいます。しかし、トレーニングでそこそこのスキルを身につければ受け入れられ、居場所ができます。コミュニケーションへの自信が育ちます。

これこそが、トレーニングのゴールです。スキルアップだけが大切なのではありません。

「自分から話しかけて道具を借りられるようになった」など、生活面の変化を見ていく

「いい感じ」をめざす

一つひとつのスキルにはこだわらず、苦手なところがあっても、総合的にコミュニケーションのとりやすい、「いい感じ」の子になることをめざしましょう。

「感じのいい子」になる

うまくいかないところもあっても「いいところもある」「おもしろいヤツ」と言われることをめざす

人の力を借りるのも重要なスキル

POINT

会話や説明などのスキルと同じくらい重要なのが、まわりにたすけを求めるスキル。なんでもひとりでこなすことではなく、協力を得ながら行動することをめざす。

居場所をつくる

友達との遊び方の質を問うのではなく、人間関係や居場所の広がりを見る。「自分は遊べている」「友達がいる」という気持ちを育てていく

スキルアップに重点を置くと、トレーニングが特訓になりがち。それよりも、生活面で使えるスキルに注目し、できたらよくほめ、友達づきあいを楽しめるようにしていく

男子と女子ではゴールが違う?

性別によって子どもの特徴が限定されるわけではないことを前置きしたうえで、男子と女子の悩みの違いを紹介します。

コミュニケーション面の相談として、男子の保護者から多くよせられるのは、友達といっしょに遊べないという悩み。いろいろあって孤立しているパターンです。

女子では、保護者から、子どもの受け答えが不自然だという相談があります。スキルとしては、比較的レベルの高いものを求めているケースが多いのです。

女子のほうが男子よりも、高度なコミュニケーションを求められているのかもしれません。

男子の悩みは
友達と遊べない、いつも
ひとりでいる、落ち着きがない、
キレやすいなど

女子の悩みは
会話がずれている、仲良く話せない、
おしゃべりをただ聞いている、
友達が増えないなど

今日から使えるセリフ

会話をはずませる【友達ほめワード】10

友達との会話がとぎれやすい子には、話をはずませる「ほめ言葉」を教えてあげましょう。まず、子どもにいま知っているほめ言葉を挙げてもらいます。その後、親がほめるタイミングや口調を示したり、「自分が言われてうれしかった言葉は？」と聞いたりします。どんな話し方をすると、友達が喜び、もっと話したいと感じるのか、具体的に教えていくのです。

○○って、おもしろいね
（相手の趣味に興味を示す）

今日の髪型、かわいいね
（外見や持ち物をほめる）

いつも明るいよね
（性格をほめる）

よかったね
（友達の喜びに共感する）

△△くん（さん）なら大丈夫だよ
（励ます）

とくにドリブルが速くてうまいよ
（具体的にほめる）

サッカーうまいね
（能力をほめる）

すごいね！ これ、大変だったでしょう
（笑顔でほめる）

がんばってたもんね
（日頃の努力をほめる）

どんなふうにつくるの？
（趣味の話をくわしく聞く）

4 子どもにあわせて テーマ・レベルを調整する

本書のトレーニングは、すべて基本形です。
実際に練習するときには、子どもの年齢やスキル、
いま悩んでいるテーマなどにあわせて、
トレーニングの内容を調整します。
成功しやすく、楽しんでできるレベルに調整するのが原則です。

トレーニングの調整法

実際にあったエピソードをテーマにする

生活に役立つ形にしていく

子どもたちにとって、適切なセリフを覚えることは、そう難しくないようです。トレーニングを実践してみると、多くの子が、セリフをすぐに覚えます。

ところが、そのセリフを場面にあわせて調整する段になると、子どもたちは戸惑います。どのセリフを、どんなタイミングで言えばよいのか、判断できなくなってしまうのです。

コミュニケーション・トレーニングをするときには、この点に注意が必要です。定型を教えるだけでなく、それを実生活のなかで使うためにはどうすればよいか、そこまで伝えていきましょう。

本で学べるのは定型文

本に書いてあるコミュニケーション法は、手紙やメールの定型文のようなもの。定型を覚えるだけで終わらせず、実生活のなかでの使い方、アレンジの仕方も学んでいきましょう。

セリフを覚えるだけでは、態度にまで気がまわらず、よそ見をしながら人をほめたりしてしまう

セリフはわかる

本を読めば、適切なセリフはわかる。記憶力にすぐれた子なら、すぐに覚えられる

手順もわかる

「落ち着いてから謝る」など、適切な手順もわかる。これも覚えることはできる

「みんなで2列に並んでいたとき、ふざけて割りこんできた子がいた」「うまく注意できなかった」「どんな言い方で注意すればいいんだろう」など、具体的に話してもらう

実話を当てはめていく

トレーニングの定型をどのようにアレンジするか。もっとも実用的な方法は、子どもの実際のエピソードを定型に当てはめ、それをもとにトレーニングすることです。

子どもや先生に悩みを聞く

トレーニングをしながら、子どもにいま悩んでいることを聞く。担任の先生に連絡して話を聞くのもよい

いまいちばん悩んでいること

どんな場所・状況で起こったことか

どんな言葉でやりとりをしたか

聞いたことをとり入れる

子どもが話してくれたことを、トレーニングのテーマや質問として使う。話のとおりにロールプレイをするのもよい

結果がそのまま使える

実際のエピソードを使ってトレーニングをすると、成果がそのまま、悩みを解決するためのヒントになる

※その後、悩みが解決したか、担任の先生に聞くのもよい

調整

トレーニングの調整法

子どもの好きなスタンプ、シールを使う

ほめてモチベーションアップ

トレーニングは、楽しいことばかりではありません。子どもをよくほめ、モチベーションを高めていきましょう。

うまくできるようになったね！
がんばった！前よりよくなったよ
さっきの聞き方、6ポイントぜんぶできてたよ
「ださい」って言うと、相手は傷つくと思うよ
お父さんの話によくつきあってたね（笑）

スキンシップを嫌がらない子なら、抱きしめたり、ハイタッチをしたりするのもよい

注意の3~5倍ほめる

注意したり叱ったりする回数を減らし、さらに、その回数の3~5倍を目安にして、ほめる回数を増やす

子どもはもう十分に叱られてきている

発達障害の子で、これまで失敗をくり返してきた子は、大人に叱られたり、友達に嫌われたりする経験をいっぱいしてきています。

苦手なことに向きあい、自分なりに努力して、それでも注意されてきたのです。もう十分に叱られたのではないでしょうか。

トレーニングでは、叱ることはできるかぎりさけてください。ただでさえ自信を失っているわけですから、そこでさらに練習してもだめだと言われたら、なにもできなくなってしまいます。

せめてトレーニングは楽しめるように、よくほめて、達成感を味わわせてあげましょう。

はっぴークラス　スタンプひょう　　名前：

30スタンプ全部押せたら，シール1枚プラスだ！

宿題 みせあって，ほめる	会話を始めるコツ 相手を見る	していること，興味ありそうなことを話す	会話を始めるコツ 良い姿勢，まえかがみ	会話を始めるコツ 話題を変えずに質問する	ほめトーク うなづく，あいづち	ほめトーク 1つの話題を話す	ほめトーク 話に集中する	ほめトーク 話し終わるまで待つ	ほめトーク まとめて返す
ほめトーク 良いところをほめる	会話を終えるコツ 相手を見る	会話を終えるコツ 「おもしろかった」	会話を終えるコツ 理由を言う，あやまる	会話を終えるコツ また話そうね	イヤなことでも話す 話して目標作り	会話を始めるコツ 相手を見る	していること，興味ありそうなことを話す	会話を始めるコツ 良い姿勢，まえかがみ	会話を始めるコツ 話題を変えずに質問する
ほめトーク うなづく，あいづち	ほめトーク 1つの話題を話す	ほめトーク 話に集中する	ほめトーク 話し終わるまで待つ	ほめトーク まとめて返す	ほめトーク 良いところをほめる	会話を終えるコツ 相手を見る	会話を終えるコツ 「おもしろかった」	会話を終えるコツ 理由を言う，あやまる	会話を終えるコツ また話そうね

10スタンプで1ポイントたまります。
10ポイントで「大きなシール」がもらえるぞ！　かんばろう！

いままでのごうけい＝

きょうのポイント＝

実際のトレーニングで使われているスタンプ表。トレーニング中、できたことのぶんだけスタンプを押す。スタンプ10個でシールがもらえる

スタンプでさらにアップ

言葉やスキンシップ、態度などでほめることに加えて、目に見える形でほめるのも有効です。子どもの好きなものをスタンプやシールにして、トレーニングの成果を形にして見せましょう。

スタンプ制・ポイント制に

トレーニングした回数や、うまくできた回数などに応じて、スタンプを押したり、ポイントをつける。スタンプやポイントをためるとシールがもらえるなどのボーナス制に

シールなど、安価なものを使う

ボーナス制として、お金のかかるものを使うときには、シールのように安価に手に入るものに限定する

調整

休日の楽しみを活用する

ボーナス制に、休日の楽しみを使うのもよい。子どもの行きたい飲食店で昼食をとることなどをボーナスに

お金をかけるのはさける

モチベーション維持は重要ですが、そのために過度にお金をかけるのはよくありません。

休日の楽しみを活用するなら、日常的な行き先のなかから、ボーナスを設定しましょう。テーマパークやイベントのように、別途費用がかかることは使うとしても最終目標にします。

お金をかけはじめると、それが目的となって、学ぶことよりも結果を求めるようになりがちです。

トレーニングの調整法

例文の長さ、ヒントの多さで難易度を変える

うまくできなくても大きな問題ではない

最初のうちは、トレーニングがうまく進まないことのほうが多いでしょう。丁寧に説明して、やり方を教えても、子どもたちはなかなか上手にできないものです。

しかし、そこで子どもの努力や理解力が足りないと悩んだり、心配したりしないでください。そもそも苦手なことを練習しているわけですから、すぐに理解・実践できなくて当然です。

最初は、トレーニングを通じて子どもの状態をチェックしましょう。そして、子どもがどんなことで困っているかを理解し、とりくむ項目や内容、難易度を調整していきます。

POINT

あくまでも練習

トレーニングはあくまでも練習。大失敗しても叱らないで。チェックするのはよいが、テストにはしない。

初回のトレーニングはチェック

最初は本に書いてある手順でトレーニングをしましょう。それは練習というより、状態のチェックです。子どもがどのようなスキルをもっているか、確認します。

子どもと話しながら本を見て、できているところ、苦手なところをチェックするのもよい

できばえを確認する

初回のトレーニングでは、子どものできばえを見る。その結果に基づいて、レベルを調整する

スイミング教室で知りあった年上の子とトレーニング。相手が年上なので、困ったときにたすけを求めやすい

成功しやすいレベルに調整する

テーマを変えたり、内容を減らしたりして、難易度を調整します。トレーニングをするたびに、その結果にあわせて調整し、子どもが成功しやすいレベルにしていきます。

POINT

同年代にこだわらない

同級生とうまく交流することにこだわらないほうがよい。年下や年上のほうがやりとりしやすい場合もあり、その経験をもとに、同年代とのコミュニケーションも育っていく。

調整

相手を変える

親子でのトレーニングを子どもが嫌がる場合は、きょうだいや親戚、習いごとの友達などに協力してもらう

題材を変える

扱う題材、テーマを変える。子どもが理解しやすいことにしたり、使う文章を短くしたりする

ヒントを増やす

「自分が言われて嫌だったことは？」などと子どもにヒントを出し、理解をうながす

トレーニングの難易度

STEP①「笑顔」★
STEP②「声の大きさ」★
STEP③「聞く姿勢」★
STEP④「気持ちの読みとり」★★
STEP⑤「順番に話す」★
STEP⑥「相手をほめる」★★
STEP⑦「質問」★★★
STEP⑧「話題選び」★★
STEP⑨「謝る」★★
STEP⑩「要求」★★★
STEP⑪「自己表現」★★
STEP⑫「説明する」★★★
STEP⑬「事実と意見」★★
STEP⑭「主張する」★★★
STEP⑮「距離のとり方」★★★

★が多いほど難しい

親ができること

子ども本人の言い分を、口をはさまずに聞く

言いたい気持ちをおさえて、聞き役に

子どもが教師や友達とうまくやりとりできず、悩んでいたら、親として、なにかしてあげたくなるでしょう。それは当然です。

しかし、そこで親が主体となってトレーニングにとりくむと、うまくいきません。トレーニングの主体は子ども。子どもが希望すること、子どもに必要なことを、練習していくのです。

親が主体になれば、どうしても親の希望にそったトレーニングになります。子どもに無理をさせる「特訓」になりかねません。

いろいろと言いたい気持ちがあるでしょうが、親は聞き役、サポート役に徹してください。

アドバイスしすぎると逆効果

トレーニングでは子どもに話し方や聞き方を教えていきますが、その際、子どもの発言をおさえこむようにアドバイスするのはよくありません。説教になりがちです。

悩みやトラブル
友達と口論になった、意見がうまく言えなかったなどの悩みごと。子どもがその一部を親に打ち明ける

↓

まずアドバイス ×
親が、子どもの話をまだ一部しか聞いていないのに、対策や自分の経験談をアドバイス

↓

親の押しつけに
子どもの気持ちや得意なことが見えてくる前に、親のやり方を押しつけることに

過度のアドバイスをくり返していると、子どもは警戒して逃げたり、言い訳やウソを言ったりする

先入観を捨てて話を聞く

悩みごとの概要や対策、トレーニング法がわかっていても、それはひとまず置き、子どもの話を聞きましょう。その子の気持ちしだいで、対策は変わります。

子どもがせっかく悩みを打ち明けているのだから、話の途中で口を出さない

○まずは聞く

悩みごとについて、くわしく聞く。子どもがどう思っているか、本当はどうしたいかを理解する

聞くときの4ポイント

① 怒らない。言葉で怒ることだけでなく、表情や態度にも怒りを出さない

② 話してくれたらほめる。「言いにくいことまで、ありがとう」と感謝を伝えるのもよい

③ 説明できず困っていたら「その前にはなにがあったの？」などヒントを出す

④ 「大丈夫」「○○くん（ちゃん）ならできる」など、これからのことを励ます

POINT

親にもトレーニングが必要

4つのポイントを守って、子どもの言い分をしっかりと聞けている親は、実は少ない。親も「聞く姿勢」のトレーニングが必要。

理解できる

子どもの気持ちが理解できれば、そのために必要なトレーニングがわかる。子どももやるべきことがわかり、友達づきあいに希望がもてる

親ができること

家庭での様子と、園や学校での様子を比べる

両方見ないと本当の姿はわからない

子どもは、家庭では自分のことをよく知っている家族に、サポートをしてもらえます。多少、苦手なことがあっても、家族に補助してもらって、問題なく生活できている場合があります。

いっぽう、学校や外出先では特別なサポートは得られません。家族が支えている部分が抜けてしまい、家庭生活よりもトラブルが増えることがあります。

環境が違えば、トラブルの起こり方が変わるわけで

マイペースでできる

家庭では子ども主体、家族主体で行動できる。家族で電車に乗るときと同じで、苦手なことには時間をかけてもよい

すいている電車に家族で乗り、急がずに移動するときのように、家庭生活には余裕がある

共通理解がある

子どもの得意なことや苦手なことに対して、ある程度、本人と家族に共通理解がある

たすけを求めやすい

家族が近くにいるため、困ったときには質問できる。家族が先に気をつかってくれることもある

す。家庭の様子だけでは、子どものコミュニケーション能力はわかりません。学校や外出先での姿もよく見ておきましょう。

学校限定のトラブルもある

家庭では受け答えがしっかりしているのに、学校ではトラブルになる場合もあります。家庭のリラックスした雰囲気で、親と1対1で話すのと、授業の緊張感のなか、大勢のなかで先生と話すのでは、必要なスキルが違うためです。

POINT

満員電車の練習は難しい

最初から満員電車に適応するのは難しい。ガラガラの電車で、家族のサポートを得ながら練習し、じょじょに小グループや大勢での活動に慣れていく。

みんなのペースがある

学校でも子どもの主体性を大事にするが、学校全体やクラス全体のペースもあるため、いつもマイペースではいられない。満員電車でほかの人に気をつかわなければいけないのと同じ

満員電車に乗って、急いで移動するときのように、学校生活では場の空気を読み、まわりにあわせることが求められる

共通理解がない

学校や満員電車にいる人たちの多くは、子どもの得意なことや苦手なことを理解していない

たすけを求めにくい

先生や友達、電車で乗りあわせた人にたすけを求めることもできるが、家族に頼むときほど気安くお願いできない

有《あり》光《みつ》アドバイス

園・学校見学でわが子の「もうひとつの姿」が見える

授業参観以外にも見学の機会はつくれる

小学校では定期的に授業参観を実施しています。親が子どもの様子を見学できます。保育園や幼稚園でも、同様のとりくみがおこなわれています。

その機会に見学するのもよいのですが、授業参観のように、前もってわかっている行事では、子どもが自分をよく見せようとして、はりきってしまい、ふだんと違う行動をとる場合があります。

家庭での姿とは違う、子どものもうひとつの姿をしっかりと見るためには、見学の機会を別途もうけたほうがよいでしょう。園や学校に連絡をとり、相談してみてください。

家庭との違いがわかる

子どもの通っている園や学校で、授業や生活の様子を見学すると、家庭との違いがよくわかります。授業参観でもよいのですが、別の機会をもうけて、子どもに知らせずに見学したほうが、その子本来の姿が出やすくなります。

子どもどうしの会話ややりとりを見る。家族には見せない態度をとる子もいる
先生はどのように指導しているか。親のサポートの仕方とどう違うか
落ち着きや声の大きさが、環境が変わったことでどう変化しているか。授業以外の様子も見たい

授業参観では、親が来ることがわかっているため、子どもが緊張したりはしゃいだりして、ふだんの姿が見られない場合もある

対応 できれば専門家もともに

園や学校に連絡して、許可を得てから見学しましょう。子どもの発達について相談している医師や心理士、保健師などがいる場合には、その人にも同行してもらうと、より専門的なこともわかります。また、見学後には園や学校の先生と対策を話しあいましょう。その結果を個別の支援計画に反映してもらいます。その後は心配しすぎず、対応は先生にまかせ、ときどき連絡をとって、子どものがんばりを知るようにします。

見学については、園や学校によって対応がことなるため、必ず事前に連絡する

専門家に相談する

発達について相談している専門家に、学校見学に行きたいことを伝える。同行してもらえるかどうか、相談する

↓

園・学校に連絡する

連絡をとり、見学したいことと、専門家が同行することを伝える。日時や見学する時間帯、場所などを相談する

↓

いっしょに見学する

専門家とともに見学する。子どもには見学のことを知らせず、本人に気づかれないように見る

見学に専門家が同行すると言うと、
園や学校がかまえてしまうこともあります。
子どもの様子を理解することが
目的だと伝え、先生方の警戒心を
といてください。

今日から使えるセリフ

子どものやる気を引き出す【ほめワード】10

トレーニングの効果は、すぐには実感できません。テーマやレベルを調整しながら、何度も練習することで、子どもの課題にあったトレーニングになり、効果も出るようになります。長いとりくみになりますから、日々、子どもの努力や成長をほめ、やる気を引き出してください。笑顔も忘れずに。そうすることで、子どもがますます成長し、親のモチベーションも維持されます。

- **いまの言い方、よかったね**（できたことをほめる）
- **話してくれて、ありがとう**（子どもの努力に感謝する）
- **いい感じ！**（シンプルにほめる）
- **一生懸命やっているね**（結果が出なくても過程をほめる）
- **へぇ〜、よく知ってたね**（日頃の努力をほめる）
- **ナイス！**（英語でほめる）
- **聞き方がうまくなってきたね**（変化を具体的にほめる）
- **大きな声で話せて、いいね**（もともとできていることをほめる）
- **さすが、歌が上手だね**（得意分野をほめる）
- **ドンマイ！もう1回やってみよう**（励ます）

■監修者プロフィール

有光 興記（ありみつ・こうき）

1971年兵庫県生まれ。関西学院大学文学部総合心理科学科教授。博士（心理学）、臨床心理士。

日常のさまざまな場面での「あがり」を科学的に研究する専門家。大学での講義のほか、認知行動療法をベースに、発達障害の子へのソーシャルスキルトレーニングを実践。

著書に『「あがり」は味方にできる』（メディアファクトリー新書）、監修書に『緊張して失敗する子どものためのリラックス・レッスン』（講談社）などがある。

■参考資料

相川充＋猪刈恵美子著『イラスト版子どものソーシャルスキル　友だち関係に勇気と自信がつく42のメソッド』（合同出版）

有光興記監修『緊張して失敗する子どものためのリラックス・レッスン　親子でチャレンジ10ステップ』（講談社）

上野一彦監修、岡田智／森村美和子／中村敏秀著『特別支援教育をサポートする　図解よくわかる　ソーシャルスキルトレーニング（SST）実例集』（ナツメ社）

田中和代／岩佐亜紀著『高機能自閉症・アスペルガー障害・ADHD・LDの子のSSTの進め方』（黎明書房）

ジャネット・マカフィー著、萩原拓監修、古賀祥子訳『自閉症スペクトラムの青少年のソーシャルスキル実践プログラム　社会的自立に向けた療育・支援ツール』（明石書店）

健康ライブラリー

発達《はつたつ》障害《しようがい》の子《こ》のコミュニケーション・トレーニング

会話力《かいわりよく》をつけて友達《ともだち》といい関係《かんけい》をつくろう

2013年11月28日　第１刷発行
2023年４月27日　第13刷発行

監　修　有光興記（ありみつ・こうき）

発行者　鈴木章一

発行所　株式会社講談社
東京都文京区音羽二丁目 12-21
郵便番号　112-8001
電話番号　編集　03-5395-3560
販売　03-5395-4415
業務　03-5395-3615

印刷所　凸版印刷株式会社

製本所　株式会社若林製本工場

N. D. C. 493　98p　21cm

KODANSHA

ISBN978-4-06-259683-1

●編集協力　オフィス201
●カバーデザイン　小林はるひ
●カバーイラスト　アフロ
●本文デザイン　勝木雄二
●本文イラスト　めやお

講談社 健康ライブラリー シリーズ

発達障害の子の
「イライラ」コントロール術

関西学院大学文学部総合心理科学科教授 **有光興記** 監修

すぐに実践できる15のイライラ対応法をまとめた一冊。
初級・中級・上級の3ステップで、イライラがすっきり消えます。

ISBN978-4-06-259697-8

発達障害の子の
「励《はげ》まし方」がわかる本

関西学院大学文学部総合心理科学科教授 **有光興記** 監修

「大丈夫」「元気出して」では、かえって苦しむ場合も。
傷つきやすい子を本当の意味で励ます4つステップを紹介します。

ISBN978-4-06-259866-8

発達障害の子の
「友達づくり」トレーニング

駒澤大学文学部心理学科教授 **有光興記** 監修

10歳をすぎ、友達付き合いが深まってきた頃によくあるトラブルと、
その悪化を防ぐためのサポート方法を解説しています。

ISBN978-4-06-259856-9

図解
マインドフルネス瞑想がよくわかる本

関西学院大学文学部総合心理科学科教授 **有光興記** 監修

よけいな考えに振り回されなくなり、悩みがなくなる!
「図解」で理解が深まる、今すぐ実践できる決定版!

ISBN978-4-06-259859-0